中國人的

溝通藝術

陳耀南　著

錦
心
繡
口
筆
生
花

目錄

梁羽生序

甲 喂，喂！你在讀什麼書，讀得這樣入神，我是特地來找你的，你竟然連令郎為我開門的聲音都聽不見。

乙 對不起，我正在讀陳耀南博士的新著《中國人的溝通藝術》。不是你走到眼前，我還不知道你已經進了房門呢！

甲 這本書何以令你如此着迷？

乙 你總應該知道陳耀南是誰吧？

甲 我知道他是「一身而二任焉」，教授兼作家。

乙 不錯，他在這兩方面都有出色的表現。他講文學課程往往中外兼陳、古今並列，擅言辭，多妙喻，聽課的學生沒有覺得悶的。寫文章呢，也是不拘一格，駢、散、詩、詞，樣樣皆能。不過以散文寫得最多，尤其擅長說理的散文。真是為文則顯風格於莊諧雅俗之間，授課則見妙趣於縷析條分之際。

甲 好，請言歸正傳吧。

乙　少安毋躁。你以為我說的是「閒話」嗎？

甲　請別誤會。其實是「閒話」也不打緊。在適當的地方插入一些「閒話」正是散文的特點。

乙　可是我剛剛說到陳耀南的散文，這「閒話」就給你打斷了。

甲　是我不對，請繼續說你這不是閒話的「閒話」。

乙　你說得對，許多堪稱繡虎雕龍般的文字或者語言，就是從「貌似尋常」的「閒話」中道出來的。不僅「閒話」，連誇張都是一種藝術呢。你熟讀中國文學史，想必知道像《左傳》這樣優美的文字，得唐代史學家劉知幾稱讚為「工侔造化，思涉鬼神，著述罕聞，古今卓絕」（《史通‧雜說上》）的敍事文，都有學者認為其文字失之浮誇，有文勝於質的毛病呢。

甲　所以這就引來了現代文學史家劉大杰的評論，認為「這都是那些死守六經為文章的正統的迷古派的意見」，「他們所說的浮誇與文勝於質，正是中國散文的藝術的進步」。（見劉著《中國文學發展史》上卷）劉氏說的不無道理。

乙　可我從陳耀南的文章扯到了《左傳》，你不嫌這個

圈子兜得太大嗎？

甲〉我倒覺得你好像已經「入題」了。

乙〉你終於看出一點兒眉目了。陳耀南這本《中國人的溝通藝術》，類別並非創作，而是古文今譯。所舉的例子，都是從《左傳》、《戰國策》、《國語》、《史記》等古典名著中挑選出來的。陳耀南得兼「文」、「口」兩才之美，自是得力於熟讀這些名著之功。其實，甚至不必打開這本書，單單看書名的副題，也可以回答你的問題。

甲〉是啊，這本書書名副題是「錦心繡口筆生花」，說的當然是和語言文字有關的藝術。陳耀南在這兩方面都出色當行，難怪吸引你了。對吧？

乙〉這正是我心中的答案。

甲〉但你說的另一句話，卻似有點兒語病。

乙〉是哪一句？

甲〉你說這本書依類別不能劃為創作。其實翻譯也是一種創作，或云再創作。翻譯也需要心思，甚至有時可能比創作更花心思。沒有他的精彩譯筆，你自是可以讀得懂原文，但許多年輕學子就未必啃得下那些古典名著

了。何況，他也並非全部直譯，還有意譯和改寫，還補充說明了前因後果。這些都是有助於讀者了解的。總之，是否創作，不能機械劃分，你同不同意？

乙 高見，高見。如此說來，「錦心繡口筆生花」這七個字，也可以用來送給陳耀南了。

甲 當然可以。你剛才不是提到有關《左傳》的文質之辯麼？陳耀南在該書的「導言」部分，說到語言藝術時，提出的十六個字準則，就比劉大杰說得更為全面。雖然他這十六字，並非專為論證《左傳》的語言藝術而設。這十六個字是：「知己知彼，合情合理，有質有文，不亢不卑。」

乙 哦，原來你也看過這本書的，看得比我更仔細。該輪到我問你對這本書的意見了。最好跳出學院派的範圍。

甲 好，那就一跳跳到「今天」吧。你看我們所處的時代像不像春秋、戰國時代，尤其像《左傳》與《戰國策》所寫的那個戰國時代？

乙 你這個問題很有意思。我記得好像四十年代初出版的一本綜合性半月刊，名稱就叫做《戰國策》。

〔甲〕我的問題，不局限於中國，是就整個世界而言。

〔乙〕今日世界像不像戰國時代，我說不準。你說呢？

〔甲〕那就再來一個時空跳躍，讓孟子先說。春秋、戰國在孟子口中，乃是「聖王不作，諸侯放恣，處士橫議」的時代。古代的聖王，能讓萬眾歸心，靠的不是政治獨裁，更非軍事鎮壓，靠的只是道德力量。孟子說的「聖王不作」和莊子說的「聖賢不明」，往往被人相提並論，說的差不多是同樣意思。用現代的語言來說，就是偶像和權威都已消失，也沒有共同的價值觀、道德觀了。於是列國紛爭，各行其是（失了共主，諸侯放恣），不掌權的知識份子，也都各自有各自的主張，各自有各自的信仰（失了共識，處士橫議）。這就造成了百花齊放、百家爭鳴的局面。

〔乙〕這樣說來，倒是有好有歹呢。

〔甲〕春秋戰國時代，就學術思想而言，本來就是個繁榮昌盛的黃金時代。

〔乙〕就算今日世界和春秋戰國時代相似，卻又和陳耀南的這本書扯得上什麼關係？

〔甲〕這本書說的雖是語言藝術，但其所舉的事例，大部

分卻是發生於春秋戰國這個時期。

乙 那又怎樣？

甲 「古為今用」你懂不懂？

乙 哦，你是說陳耀南在借古諷今嗎？或者這只是你的意思呢。

甲 或者是吧。不過我作此想，亦是有根據的。

乙 什麼根據？

甲 你翻開「導言」所舉的例子仔細看看，有許多例子，不管說的是國家大事也好，是個人應對也好，你都會感到「似曾相識」，可用以喻今。

乙 好，我一定再看三看。但不管你猜對猜錯，我都佩服你的獨到之見。

甲 不算獨到之見吧。我只是依書直說。你可以多問問幾位有學問的朋友，聽聽他們是否也有同感。

乙 我有一事不明，倒要先問問你。

甲 請說。

乙 你對陳耀南其人其書的了解，好像都比我深，為何還要特地跑來問我？

甲 客氣，客氣。我是想集思廣益。

乙 如此鄭重其事，真是小題大做！

甲 不是小題大做，是大題小做。

乙 嚇，「大題小做」，什麼意思？

甲 實不相瞞，陳耀南請我為他的書寫一篇序，這可是涉及古代的語言藝術的，題目夠大了吧？

乙 啊，他找你寫序文？我還以為你們是尚未相識的呢。

甲 世事多變化。前兩年他來了悉尼，和我住在同一個區，距離只有五分鐘的車程，幾乎可以說是近鄰。遠親不如近鄰，近鄰之命，豈敢推辭。但他的書是「三有」，而我卻是「三無」，無錦心，無繡口，更無生花妙筆，又怎能侈談什麼語言藝術？無已，只好找個有學問的朋友聊聊，說不定可以聊出一點兒名堂，便可聊以塞責。這就叫做大題小做。

乙 其實你心中想寫什麼，就寫什麼好了。黃遵憲詩云：「我手寫我口，古豈能拘牽。」管他什麼「三無」、「三有」。

甲 我心中想寫、口中要說的只得一句。

乙 一句話怎可當作「題詞」？

甲 勉強也可以湊成一首打油詩，但翻來覆去，其實也只得一句，而且還是借用別人的成句。

乙 這倒是前所未聞的了，姑且說來聽聽。

甲 請聽：

錦心繡口筆生花，妙語奇文兩足誇。

讀罷只能題一句，錦心繡口筆生花。

乙 原來你借用的成句，就是陳耀南那本書的副題，「起句」是它，「結句」也是它。這是仿蘇東坡的題廬山詩體——那首詩也是兩用「廬山煙雨浙江潮」這一名句。雖然前後兩句相同，但各有所指，不能算是重複。不過，寥寥二十八字，且還是打油詩，分量究嫌不夠。

甲 既嫌不夠，那就唯有把你我的「對談」搭上了。

乙 誰叫我們是朋友呢，無可奈何，由得你吧。請請。

甲 多承相助，無以為報。謝謝。

——「對談」結束

梁羽生
1996 年 5 月 悉尼

自序

「以古為鑑」——唐太宗的名言。視歷史為鏡，照見得失，洞悉興替。人能有此胸襟，勵精圖治，於是國運昌隆；從此吾土吾民，遂有「唐山」「唐人」之號。所惜數千年舊邦的積疾未除，數萬里遠人的侵侮終至，乃有近世沉重的苦難與鍛煉！所賴炎黃子孫知所奮發，鑒古明今，同心再起！

《以古為鑑》——在下拙著之一。初為香港《百姓》半月刊小品專欄，連載於 92—126 期，以《歷史叮嚀》為名，而見賞於山邊出版社何紫先生。1988 年 9 月，就以太宗名言，刊為新書。數年之後，筆者南徙澳洲，應邀講此於華人電台，共慰辭根鄉土之思！並以豐富當地多元文化。適值香港中華書局陳先生國輝、張女史國瑞雅愛，惠囑聚焦於政教修辭，增補改編，定名為《中國人的溝通藝術》。副題《錦心繡口筆生花》，則是初時所擬，而蒙識荊未久的梁羽生（陳文統）前輩所許。

生公「新派武俠小說開山大師」的盛名，遐邇騰揚；而並擅詩詞棋藝，尤精對聯，則共仰於同道識者。二十多年來，高懸會下「南洲國學社」講壇的嵌字賜聯之一，就是他的獎勉：

教無類，一若志，薪傳道耀；

授有方，齊百家，走北圖南。

南華真人有知，或也一哂。本書蒙生公賜序，他牛刀小試，也用三聯書店拙著《中國文化對談錄》（正、續編）裏，筆者以甲乙二人平等互啓互謔，而並非常見單向問答之體裁，在下更是瞠乎其後、心服口服了！

本書自香港回歸前一年五四紀念日初版，忽然又二十多個寒暑了！現在喜得香港中華書局董事總編輯侯明女史、副總編輯黎先生耀強垂青雅愛，再次出版；並且編列了全書四十多則所據典籍原文，讀者可以視同譯介釋析，而與正文對照使用了。至於古之齊秦楚越，合縱連橫，今之英美德俄，同盟協約；人性不殊，而詭譎無異。總之，修辭之道，如本書所謂「知己知彼，合情

合理；有質有文，不亢不卑」，或者也是沒辦法中的可行之法吧！

　　拙作的「身世」與學習、成長過程，報告如此。再一次向歷來扶持者敬禮、感謝！

　　　　　　　　　　　2019 年 6 月 27 日於悉尼

導言

　　與人相處，是極大的學問；把話說好、把信寫好，是極重要的溝通技巧。洞明世事、練達人情的古今才士，超卓的才學，過人的識見，匯成巧美如錦的心思，發而為繡虎雕龍般的口語或者文字，「函綿邈於尺素，吐滂沛乎寸心」（《文賦》），往往達致神奇的效果。《文心雕龍》所謂「一人之辯，重於九鼎之寶；三寸之舌，強於百萬之師」，從歷史來看，並非誇張之詞。

　　以古代中國來說，從秦漢到明清，學術思想隨君權之定於一尊而大受桎梏；倒是在此之前的春秋戰國時期，反而最多精彩。那時所謂王綱解紐，列國爭雄，開放自由，豪傑競起，是個文化交流的時代，也是個才華煥發的時代。見於《左傳》《戰國策》《國語》等名著的錦心繡口的行人辭令、絕妙文章，也就琳琅滿目、美不勝收。孔門四科，「言語」與「德行」、「政事」、「文學」並列，可見溝通藝術之重要。

晚周諸子的流風餘韻，歷短命的秦朝而入於漢初；不過，法家專制的流毒，卻千載未已。隨着君權熾烈，主臣禮隔，早已難面折廷爭；上書的辭氣，也日趨卑屈。士氣不振，語言藝術也就乏善可陳。

從三國鼎立到魏晉南北朝時期，雖也是人才輩出，可惜儒學「開物成務」的人文精神，已經不再蓬勃；道佛二家，又以逍遙的妙理、捨離的信仰，導人心於解脫無為。那種磅礡淋漓的元氣、多彩多姿的面貌，是遠遜於晚周了。

唐宋以來，君權更盛，至明清而極。其間又缺乏足以補救中國傳統文化缺漏的外來有力刺激；思想學術的活力，於是日漸衰頹。縱然駢、散、詩、詞，盡多佳製，但是情思內容，還是走不出九流三教的典範，下焉者更狹窄、僵化，了無生氣。直到近代，面臨三千年未有之巨變，中華民族再次處身於國際時代，語言溝通藝術才生面別開。

時代發展，開拓了心胸；環境變化，變更了看法。不過，人性人情既是古今相同，一些藝術原則也就恆常可法。就語言溝通來說，可以用四個四字句來概括

其原則：

> 知己知彼，合情合理；
>
> 有質有文，不亢不卑。

這十六個字，淺近易明，不煩辭費，但活學活用起來，卻並不容易。為供大家參考，本書從古籍中選出一些典例，直譯、意譯或者改寫原文，並且補充說明前因後果，以增加了解。

* * *

【群雄相競】

春秋霸業，以齊桓為始，以晉文為盛，南抑暴楚，西拒強秦。列國的盟會戰和，個人的折衝樽俎；攻守虛實，尋瑕抵隙，機鋒辭采，精警百出。有時一方得勢不讓，盛氣凌人，另一方不想觸怒，又不能丟失尊嚴，如何是好？請看──

楚使者　不卑不亢對齊桓

晉重耳　飽歷炎涼成大器

強大的盟友，對個人來說，有大恩惠；對國家來說，有大威脅。聯合行動進展了一半，忽然被敵人離間得手，盟邦背約他去。要翻臉，還不是時機；要下臺，漂亮的藉口怎樣找？請看——

秦與晉　和戰恩仇爭霸業

【以弱對強】

人們說：「弱國無外交。」不過，也正因為勢孤力弱，才更需要外交技巧。本身的弱點，對方和自己一樣明白；自己的要害，對方一句話就直逼過來。怎樣應對？請看——

呂子金　直認不和救國君

強大的敵人兩面夾擊，左閃不可，右避不能，要從中間鑽出，怎樣找出空隙？請看——

燭之武　老謀深算解重圍

打敗仗了。對方苛刻要求，怎樣還價？請看——

齊國佐　負重求和完使命

自己正在危難中，那位解救者、協助者、釋放者卻催着要談報酬、條件了，怎樣開出自己能夠償付的支票？除了晉文公重耳的故事外，請看——

晉知罃　敗軍之將能言勇

敗軍之將、階下之囚，怎樣顯示教養，不失國家體面？又可以看——

楚鍾儀　囚晉南音懷故土

高傲的主人輕慢賓客，弄到自己進退不得，怎樣表示不滿、要求禮待？請看——

鄭子產　忠心善喻得國政

子產當然也是內政高手、民主先鋒，不過，鄭國終究弱小，常常被強鄰虎視眈眈。在前面秦晉爭霸的故事中，已經有鄭人發現秦國企圖偷襲，於是一邊示以有備、一邊逐客的例子。這次，另一個惡客擺明是不懷好意，卻利用形勢，振振有詞，要登堂入室了。怎樣「打開天窗說亮話」，表示已洞燭其奸，而又不失禮、不失信，更不失防備？再請看——

鄭子羽　義正詞溫破禍心

【使臣尊嚴】

備無可備，而其實以平時的修養為備的，是關乎生命的突發事件。想不到對方竟然要在先禮後兵之際，處斬來使，不僅不守公法，還出言輕薄，調侃自己。怎

樣不失個人與國家尊嚴，而且還以顏色？請看——

吳王弟　臨刑無懼說凶吉

國家尊嚴與個人尊嚴都是要維護的。對方竟然不顧禮貌，針對自己的體型來惡作劇，要矮化自己甚至自己的國家。怎麼應付？怎樣輔佐主公歸於正道而不致批其逆鱗？還有，領袖也是人，忽然興到，要找自己放浪形骸一番，自己想以禮自守，不失身份，而又不能令對方難以下臺，怎樣應對？許多故事和嘉言妙語，盡在——

晏平仲　人矮才高服列國

自覺文化優越的對方，要在衣飾方面為難自己，怎麼辦？更可以看——

越使者　終身斷髮一枝梅

【調停爭端】

兩個朋友都自認優越，互不相讓，做主人的怎樣安排、怎樣調處？請看——

魯公子　調停先後息賓爭

「和事佬」不是好當的，怎樣用形象化、趣味化的語言，開闊人們的心胸，勸止貪得無厭的一方，甚至看

來就要兩敗俱傷的雙方？請看——

　　齊陳軫　　畫蛇添足止昭陽

　　智策士　　犬兔蚌鷸說群王

【人君風範】

　　決定出自國家機器的掌舵者，他同時也是責任的承擔者。一個大計劃失敗了，是諉過於下，還是「罪在朕躬」？什麼是領袖風範？怎樣「與民更始」？請看——

　　秦穆公　　責任肩承顯風範

　　「兼聽則明，偏信則暗」，這是人君早就知道而又大都忽視的道理。生動的現身說法，請看——

　　齊鄒忌　　高人高智開蒙蔽

　　詳盡的典例，請看——

　　漢鄒陽　　鋪陳典實說梁王

　　領袖聽信讒言，要處死自己，怎樣不失尊嚴地申明忠心，轉危為安？這篇也是一個成功的例子。

　　至於國家情勢危急，最高掌權者卻不肯放開心頭肉，而且怒隨諫增，盛氣難下。怎樣繞過對方心理關防，開導迷執？請看——

　　趙觸龍　　閒話家常服女主

【懸崖勒馬】

不只元首，所有國家成員都最好具有休戚、榮辱與共的認識，領袖人物尤其應當如此。怎樣以極精煉而又引人興趣的寥寥幾個字，或者以極生動而又發人深省的寓言故事，傳達出這個重要信息？請看——

好門客　三字驚人海大魚

巧蘇秦　土偶桃梗止孟嘗

人家要排斥外地人才了，身為被逐之人，怎樣勸諫雄才偉略的君王收回成命？請看——

秦李斯　書諫雄君止逐客

市井之徒一變而為開國之君，志驕意滿，自卑而又自大地輕視讀書，怎樣警醒他逆取順守、尊重文化？怎樣勸一個「天高皇帝遠」的土皇帝歸順中央，少搞一點兒山頭主義、地方主義？請看——

漢陸賈　智安南越救蒼生

怎樣用鄉土之情、民族之念、利害之勢，打動一個搖擺不定的軍閥，使其放下屠刀，歸來故地？請看——

梁丘遲　一紙勸降陳伯之

【政海立身】

故主是終身的事業知己，自己也以不世的功業相報，只可惜繼位的新主暗昧衝動，疑忌自己，陣前易帥，喪失了勝利成果，還來信責備。怎樣答他？怎樣念着故主深情，而又給自己已離開的新主以教訓？請看——

燕樂毅　名成功立報君王

以王佐之才，幾經艱難，終於見到第一大國的最高領袖，並且被再三請教內則君主集權、外則削滅諸國的政策。怎樣以疏論親，不避嫌疑，針對對方骨肉之間的微妙關係和權力鬥爭問題，取得對方全心的敬服與信任？請看——

魏范雎　攻堅解困得秦相

面對才學極好、極工心計的當朝宰相，怎樣勸他吸取歷史教訓，急流勇退，讓出權位？請看——

智蔡澤　巧勸應侯讓宰相

【私情公誼】

至於個人志節方面，或規勸別人，或表白自己，都極講技巧。譬如說禮教之世，文人忼儷，怎樣情書往

來，交通愛意？一代名將，又怎樣謹厚周慎、勸誡侄兒？請看——

賢伉儷　綿綿情意往來書

馬伏波　謹行慎言誡侄兒

一位享有盛名的學人，屢受催請，終於動身，中途卻又猶豫止步。怎樣激勵他毅然繼續行程，獻身社會？請看——

漢李固　相副名實激黃瓊

屢聘屢卻，是因為照顧慈親；而不遵命任職，又有不測之禍。怎樣懇切陳情，取得諒解？請看——

李令伯　至孝陳情動晉皇

有絕世才華，而坎坷不遇，怎樣請求薦助，而又不失自尊？一代文豪的少作，請看——

韓退之　擱淺蛟龍求活水

負責地方行政，履任伊始，怎樣藉為民除惡獸毒害之際，指桑罵槐，警告人中禽獸？請看——

勇刺史　大義凜然驅鱷魚

小有才華而未聞大道的青年，追名之心太盛，熱切地欲追隨自己，怎樣委婉答覆，寓開導於婉拒？對一

位昔日的青年同道，今天的政壇紅人，怎樣不出惡聲，而暗示趨捨殊途，交情到此為止？請看——

王安石　辭精語婉絕交情

舊日的老師賣身異族，還要誘迫自己投靠強權、犧牲操守。怎樣表明心跡，明確拒絕？請看——

謝枋得　委婉堅強守志節

地方上司是無禮小人，侮辱不遂，還要惡人先告狀。自己怎樣不亢不卑地表明原則，示人以不可侮，而又言言合禮、語語出於大義？請看——

王陽明　不撓不傲拒無禮

怎樣闡明形勢，分析利害，勸一位備受敬重的領袖投降？這位忠貞之士又怎樣在大廈將傾、一木難支之際，逐點分辯，表明志節？請看——

史可法　針鋒相對拒降清

著名的滑稽之雄淳于髡，跑失了代攜的天鵝，卻表現了解頤的機智。至於衛道善辯，從處事的守經達權、為政的愛民如己，到評價革命、論說分工，就不可不讀氣盛言宜的《孟子》了。

＊　　＊　　＊

　　總之，請聽聽前賢的話語，汲取一些中華民族的傳統智慧，欣賞歷代的錦心、繡口、好文章！

附：春秋列國圖、戰國初期圖

01 魯公子　調停先後息賓爭

俗語說得好：「辦酒容易請客難。」選擇客人：哪個請？哪個不請？安置客人：哪個在先？哪個在後？集體出現的時候，哪個人站在中間？哪些人排在後面？誰跟誰坐在一起不妥當？誰跟誰一見面就有衝突？諸如此類，要「賓至如歸」，主人家往往傷透腦筋。

此刻，魯國就要面對這個傷腦筋的問題。國際外交，尤其到了「元首」這一級的，真是非同小可；稍有差池，就會鬧出大事。

原來魯隱公十一年（公元前 712 年），滕、薛都來拜會魯侯；兩國君主為了誰先跟主人見面，起了爭執。薛侯說：

「我國在夏代已經受封，滕國到本朝才是諸侯，我們受封在先，當然應該先見。」

滕侯也不示弱，說：

「笑話！我是周室的卜官之長，這是同姓諸侯才可以擔當的榮譽職位。體制所在，尊嚴所在，我怎可居庶姓的薛侯之後？」

客人在禮儀、面子上發生了爭執，做主人的怎麼辦？

魯隱公於是派大夫公子翬（羽父）向薛侯求情，說：

「承蒙君侯和滕侯都屈駕來問候寡人，實在十分感激，不知怎樣感謝你們才好。周地有這麼一句諺語：『山上有樹木，工匠量度它；賓客有先後，主人決定它。』大周王室的會盟，也是先同姓、後異姓。寡人如果到貴國拜候，也不敢和與貴國同姓的任姓諸侯同列。君侯請幫幫忙，給寡人一點兒面子，讓我為滕君的事，向您求求情。」

滕、魯與周天子是同姓，依照當時禮制，先會見是比較合宜的，於是，代表魯侯的公子翬向薛侯進行協調工作。他先感謝對方來訪；接着引當時周地的一句諺語──那時周還是諸侯同尊的天下共主──暗示希望薛侯體諒主人的處境，尊重主人的決定；第三步，以周王室的禮儀為依據，表示自己如果朝見對方，也不敢和對方同姓的諸侯爭先，以免對方失禮、難做。

　　滕侯意在爭先，所以稱薛為「庶姓」。「庶」，就是「眾」的意思，與「嫡」相對，含有卑貶的意味。公子翬則因為魯國先君周公、武公曾娶於薛，兩國有過婚姻關係，這時更旨在調停，要表示尊重，故改用平等的「異姓」一詞，而且暗示了彼此的親切關係。最後幾句，更是委婉謙和，給足了對方面子，對方也就樂得賣個順水人情了。

原文出處

　　十一年，春，滕侯、薛侯來朝，爭長。薛侯曰：「我先封。」滕侯曰：「我，周之卜正也。薛，庶姓也。我不可以後之。」公使羽父請於薛侯曰：「君與滕君，辱在寡人。周諺有之曰：『山有木，工則度之；賓有禮，主則擇之。』周之宗盟，異姓為後，寡人若朝于薛，不敢與諸任齒，君若辱貺寡人，則願以滕君為請。」薛侯許之，乃長滕侯。

（十三經注疏整理委員會整理：《春秋左傳正義》，隱公十一年傳，140頁，北京：北京大學出版社，2000年。後《左傳》引文皆用此版本。）

02 楚使者　不卑不亢對齊桓

　　春秋時代，名為天下共主的周，早已無力統御各國；崛起南方的大國——楚，盡吞江漢流域的小諸侯，勢力漸漸向中原擴展，並且廢棄被封的「子」爵而乾脆稱「王」，視周如無物。五霸之首，用名相管仲而致國家富強的齊桓公，第一個提出「尊周室，攘夷狄」的口號，「挾天子以令諸侯」。作為中原各國的盟主，齊桓公要以集體力量，保障集體安全，阻遏楚國北侵。

　　魯僖公四年（前 656 年），齊桓公率領本國和宋、魯、陳、衛、鄭、曹、許各諸侯國的聯軍擊潰了楚的盟國蔡，進兵攻楚。楚王的代表來到聯軍中，說：

　　「君侯住在北方，寡人住在南方，相隔這麼遙遠，即使發情狂奔的牛馬，也不能跑到一起。想不到君侯竟然涉足我們的地方，這是什麼緣故呢？」

管仲代表齊侯回答說：

「以前輔助周室開國的召康公奭委任我們的先君太
公望說：『各地的諸侯，你都可以征討，以輔佐周的王
室。』他賜給我們先君踏足的範圍，是東到大海，西到
黃河，南到穆陵，北到無棣。現在，你們應該供應的包
茅，許久沒有進貢了，使得天子的祭祀缺乏了濾酒的東
西，寡人要過問這件事。

「還有，昭王十九年，天子南巡而沒有回去，這件
事寡人也要追究。」

——原來公元前 977 年，周昭王南巡，坐了一艘
被楚人做了手腳的船，船到漢水江心，膠合船板的東西
溶化，周王就溺死了。本來，楚國當時最大的罪名應該
是「僭稱王號」，但這時還未到最後決裂的時候，如果
直接質詢，雙方就都沒有可以迴旋的餘地了。因此，管
仲藉一件似乎很細小的事情——「包茅不入」——來詢
問，如果對方肯認錯——認了聽來也無關宏旨，不傷面
子——那就等於仍然承認周天子為共主，楚應當服臣職

而進貢。周本來就已經無望再振聲威，齊本來也只是藉天子的剩餘名望來號召諸侯，楚也明知自己現在的力量還不足以與聯合起來的中原大國對抗。這一切，大家都心照不宣。

聽過了對方的兩大指摘，楚王使者說：

「包茅貢品沒有奉上，這是寡君的疏忽，我們謹此道歉，並且答應今後一定送上。至於昭王南巡不返，那時漢水還不是我們的疆土，恕我們不能負責；君侯要責問，就責問漢水江邊的人吧！」

——對了，南人有時對北方是不服的，這也沒有辦法。最重要的是，這事與我們無關，而且已經過去了幾百年，死無對證了！

使者的話固然不卑不亢，但諸侯的軍隊還是向前推進，駐紮在陘地——楚的北疆。

到了夏天，楚君又派屈完到聯軍駐地。諸侯軍隊後退，駐紮在召陵。雙方都按兵不動，看形勢發展下去是和是戰。

齊桓公將諸侯的軍隊列成陣勢，與屈完同坐一輛戰車，共同檢閱，並且對屈完說：

「這次勞師動眾，難道是為了我這個盟主嗎？只是為了繼承我們先代國君建立的國際友好關係而已。貴國和我們保持這個友好關係，怎麼樣？」

屈完懇摯地回答道：

「君侯惠臨敝國，為我們的福利而努力，並且接受敝國國君為盟友，這實在正是我們國君的心願啊！」

得到楚國同意和解的信息，看着以自己為盟主的諸侯聯軍的強大陣容，齊桓公不禁志驕氣盈，自滿地說：

「看！用這樣的軍隊來作戰，誰能抵禦？用這樣的軍隊來攻城，哪座城攻不下？」

屈完一聽，也提高了姿態，但仍然十分委婉得體地回應道：

　　「君侯如果以道德來安定國際秩序，誰人敢不服從呢？如果訴諸武力，那麼，我們楚國有連綿七八百里的方城山作為屏障，有深廣的漢水作為護城河，入侵的軍隊即使眾多，力量恐怕也用不上吧！」

　　雙方的實力、形勢，彼此心裏都有數了。於是，屈完便代表楚國，與齊侯為首的諸侯聯軍議成和好，訂立盟約。

　　四年，春，齊侯以諸侯之師侵蔡，蔡潰，遂伐楚。楚子使與師言曰：「君處北海，寡人處南海，唯是風馬牛不相及也。不虞君之涉吾地也何故。」管仲對曰：「昔召康公命我先君大公曰：『五侯九伯，女實征之，以夾輔周室！』賜我先君履，東至于海，西至于河，南至于穆陵，北至于無棣。爾貢苞茅不入，王祭不共，無以縮酒，寡人是徵。昭王南征而不復，寡人是問。」對曰：「貢之不入，寡君之罪也，敢不共給。昭王之不復，君其問諸水濱。」師進，次于陘。夏，楚子使屈完如師。師退，次于召陵，齊侯陳諸侯之師，與屈完乘而觀之，齊侯曰：「豈不穀是為？先君之好是繼。與不穀同好，如何？」對曰：「君惠徼福於敝邑之社稷，辱收寡君，寡君之願也。」齊侯曰：「以此眾戰，誰能禦之？以此攻城，何城不克？」對曰：「君若以德綏諸侯，誰敢不服？君若以力，楚國方城以為城，漢水以為池，雖眾，無所用之。」屈完及諸侯盟。

（《春秋左傳正義》，僖公四年傳，376 頁）

03 呂子金　直認不和救國君

公元前 7 世紀前期，晉國強大起來。前 672 年，獻公伐驪戎，得該族第一美女驪姬為妃，大加寵幸。根據《莊子‧齊物論》的描述，驪姬也由初嫁時的啼哭不已，變為十分享受一切奢華生活。

侵人之族，奪人之女，本身就是罪孽，晉獻公也因此遭到報應：家庭慘變。原來那驪姬絕不簡單——換個角度來說，可以謂之「蛇蠍美人」。她生了個男孩，就想要暈頭轉向的獻公做當時宗法禮教認為是大忌的事——廢長立幼。太子申生是齊桓公女兒所生，母親早死，性情極淳厚；妹妹嫁了秦穆公。公子重耳，是翟地狐氏所生。還有一位公子夷吾，和申生、重耳一樣，都是獻公眾多兒子之中超卓的。自從驪姬得寵，獻公父子之情就大為淡漠。而驪姬更是不斷使毒計：表面上稱讚申生，但暗中卻散佈毀謗的謠言；同時又製造了幾次假局，令獻公以為申生要非禮驪姬，毒死他，聯同夷吾、

重耳謀反。於是申生被迫自殺，重耳、夷吾分別逃亡，這時是公元前 656 年。那時西鄰秦國在獻公之婿穆公的領導下也日漸強大，想趁這個機會發揮影響力。因為重耳比較正派而得人望，不易控制，於是秦國便接受了夷吾的奉獻條件，協助夷吾回國即位（前 650 年），是為晉惠公。

晉君一登大寶，就背棄前約，沒有割讓河西五邑，還殺了許多心向重耳的大臣。前 647 年，晉大饑荒，秦穆公不僅不追究背約之事，還說：「領袖雖不好，人民是無辜的。」應允賑濟。次年到秦國荒歉，晉卻拒絕賣糧，並且準備乘災進攻。秦大怒伐晉（前 645 年），九月戰於韓原。混戰之際，穆公幾乎失陷，幸賴勇士三百餘人突然衝入陣中奮戰才獲救。據《呂氏春秋》《淮南子》《說苑》等書記載：這些人原是先前偷食穆公愛駒的一班村野草民，因穆公不加罪，反賜酒以解肉毒，於是感恩圖報。相反，晉國君臣卻是互相猜忌。惠公因為大將慶鄭對自己不夠尊重，所以不肯依龜卜與他同乘戰車，又不聽他的勸諫而用鄭國所獻的外貌可愛但訓練未熟的馬「小駟」；到實際打仗時，小駟果然驚

陷泥中，慶鄭又不肯相救，於是晉君被擄。

晉大夫陰飴甥（姓呂字子金）代表晉向秦求和，在王城會盟。那位既是姻親又是恩人、又是獲勝的報復者、又是鄰國之君、又是一代霸主的秦穆公，劈頭就「殷殷垂問」：

「你們晉國究竟怎樣了？上上下下，還和氣嗎？」

如果說「和氣」，那是裝門面；似乎得體，但卻是自欺欺人，而且淺露得可笑。且不說秦穆公何等厲害，就是一個普通的政治人物，也早知晉國之政局動盪、人心不安，由來已久。

還有，面對餘勇可賈而報復之心未已的勝利者，強撐門面，只會挑起更深的敵對情緒。

「不和氣。」

有點兒意外，也有點兒喜悅，更多的是好奇。秦伯於是很樂意聽下去。

「唉！又怎麼會和氣呢？敝國一般人覺得既傷心，又沒有面子。沒有面子的是，打敗了，連一國之君也變成了俘虜；傷心的是，許多親人都在這場敗仗中犧牲了。他們不怕再徵稅，重整甲兵，準備擁立太子圉為新君，他們說：『一定要報我們的仇。再打敗了，就給戎狄野蠻人統治吧。』」

——唔。是嗎？難道不知道這是自作自受？難道不知道再打也打不過我們嗎？真沒見識。

「至於敝國有見識、有教養的人卻並不那麼想。他們當然也忠君愛國，只是很明白實在是自己對不起秦國。他們同樣不怕徵稅來重整河山，一切就看秦國怎樣決定了。他們說：『人家的恩德，不能不報，即使死，也沒有別的想法。』」

「就是這樣。敝國內部意見不一，並不和氣。」
——這番話還算老實。這些人還算公道。

「你們晉國人認為你們的國君會有什麼結果？」

「也是兩種意見。」

氣氛對了，呂子金繼續發揮下去。

「一般人很憂心，說主上一定逃不過。有見識的人卻認為主上一定會被放回來。一般人說：『我們惹火了秦國，人家還會放人嗎？』君子們卻相信：我們知錯，秦國就會送還主上。」

——放嗎？不放嗎？哈哈！我的心意，看你們誰能猜中！

「他們是有理由的。他們說：『有異心，就逮了他；認錯了，就放了他。恩德沒有比這更厚的了，刑罰沒有比這更嚴的了。這樣，知罪服罪的，感念秦的恩德；三心二意的，畏懼秦的懲罰。經過這次之後，秦的霸主地位是奠定了。當初又是秦國幫助主上得位的，如果立了，又不讓他安定，甚至廢掉他，不讓他繼續為君，過

去的恩德，不是都變成冤仇了嗎？您想想，秦國會這樣嗎？』」

　　──暗中被提醒了的、看起來滿懷喜悅的秦穆公脫口而出道：

　　「對了，這正是我的想法啊！」

　　於是，晉惠公被移進賓館，以諸侯之禮款待。

　　十月，晉陰飴甥會秦伯，盟于王城。秦伯曰：「晉國和乎？」對曰：「不和。小人恥失其君而悼喪其親，不憚征繕以立圉也，曰：『必報讎，寧事戎狄。』君子愛其君而知其罪，不憚征繕以待秦命，曰：『必報德，有死無二。』以此不和。」秦伯曰：「國謂君何？」對曰：「小人慼，謂之不免。君子恕，以為必歸。小人曰：『我毒秦，秦豈歸君？』君子曰：『我知罪矣，秦必歸君。貳而執之，服而舍之，德莫厚焉，刑莫威焉！服者懷德，貳者畏刑。此一役也，秦可以霸。納而不定，廢而不立，以德為怨，秦不其然。』」秦伯曰：「是吾心也。」改館晉侯，饋七牢焉。

（《春秋左傳正義》，僖公十五年傳，440 頁）

04 晉重耳　飽歷炎涼成大器

　　在晉獻公那些異母所生的兒子中，他與戎狄的狐姬所生的公子重耳才華最能服眾。獻公中了驪姬毒計，逼死長子申生，又派宦官勃鞮（寺人披）到重耳的封邑蒲城去追殺他，連重耳的衣袖都被斬斷了。蒲城人想動武，重耳不肯以受封的土地、人民對抗君父，就逃亡到母親的娘家——狄國。舅父狐偃、賢臣趙衰等一班才德兼優的人追隨着他。

　　狄國把俘虜回來的一對姊妹送給重耳。重耳娶了妹妹季隗，生了兩個男孩。姐姐叔隗就轉贈給趙衰，生下了後來的名臣趙盾。

　　這樣過了十二年，那時重耳的兄弟夷吾已經在秦穆公的幫助下，即位而為晉惠公了。一天，重耳忽然收到外祖父狐突從晉國發來的密報：惠公又要追殺他，派的人又是寺人披！預計三天之內來到。跟着，又來了密報：當天就到了！

重耳趕忙出走,想跑到齊桓公那裏求助。臨行前匆匆對季隗說:

「請你等我二十五年吧!若那時不回來,你就改嫁吧。」

季隗應答說:

「唉,我二十五歲了,再過二十五年,就要進棺材了。我永遠等着你吧。」

*　　*　　*

經過衞國,衞文公根本不接待他。到了郊野,一幫人又飢又疲,向村民討飯,討來的竟是泥塊!重耳大怒,正要揮鞭打人,狐偃連忙勸開,說:

「好兆頭啊!給我們土地,這不是上天的恩賜嗎?」

重耳就依他的話，向天下拜。這一年是魯僖公二十三年（前 637 年）。

＊　　＊　　＊

　　到了齊國，桓公老了，不想干涉人家的內政，就把女兒齊姜嫁給他，又送了八十匹馬。重耳想從此移民定居算了，但跟從的人不同意——這樣怎麼會有前途呢？他們就在桑樹下共商大計，密謀離開。怎知被樹上採桑的一個僕婦聽到了，她稟告齊姜，齊姜把她殺了，對重耳說：

　　「男兒志在四方，公子安心去吧。那個聽到消息的人，我已經殺了。」

　　重耳還想推辭，齊姜催促他說：

　　「公子去吧！貪戀舒適，還成什麼大事呢！」

　　重耳總捨不得走，齊姜就和狐偃他們合謀，灌醉

了重耳，送他出了齊國。重耳酒一醒來，氣得拿起長戈，就要追刺狐偃。

*　　*　　*

到了曹國，曹共公聽說重耳的肋骨密得連成一塊，就趁他沐浴，隔着薄簾——一說是竟然闖了進去——去看他的裸體！

曹國大夫僖負羈的妻子勸丈夫說：

「我看晉公子的幾位隨員，都是宰相之才。這樣一班人都跟着他，幫助他，他一定能夠回國，成為諸侯盟主。到那時，要算起賬來，無禮的曹國，一定逃不了。我看你還是早點燒燒冷灶，打點打點，留條後路的好。」

僖負羈於是私下備了酒席，連同一塊白璧，送給重耳。重耳領謝了酒席，奉還了白璧。

*　　*　　*

到了宋國，那時宋襄公想趁齊桓公病死、國內紛

亂之際，繼起而做盟主，怎知各方面的條件都不夠，給楚國打敗不說，自己還受了傷。不過，他還是送了二十乘車給重耳。

*　　*　　*

到了鄭國，鄭文公也不加禮待。大夫叔詹勸諫道：

「聽說天意要降臨，人是阻擋不了的。晉公子有三點不平凡的地方，或者就是天意吧：主公還是禮待他的好。」

哪三點呢？

「第一，向來同姓結婚，後代不會昌盛。晉公子父母都是姬姓，他卻健壯安康；第二，晉國沒有他，就一直無法安寧；第三，他手下三個人都是了不起的領導人物，卻都服服帖帖地跟從他。」

可惜鄭文公卻一點兒也聽不進去。

到楚國，楚成王設宴款待他，卻半認真半說笑地
詢問：

「公子回到晉國，拿什麼報答我？」

──報答？

「俊男美女、寶貝絲綢，貴國君早就有了；珍禽異
獸，貴國也多的是。豐盛的物產隨波流到了晉國，不過
是貴國君的剩餘物資而已。我能拿些什麼東西報答呢？」

但對方還是要步步進逼：

「事情或許真是如此吧。不過，我還是想知道公子
打算怎樣報答我們。」

非攤牌不可了。重耳唯有說：

「託貴國君的福，如果我們能夠回國，當然會永遠記着貴國的恩惠，希望彼此長期友好；不過，如果事情發展到某個地步，大家都要調兵遣將，北上的貴軍和南下的我軍相遇於中原，那麼，我們一定退避三舍——就是九十里。」

哦——

「如果仍然得不到貴國的允許收兵，那麼，我們只有左手拿鞭拿弓，右手帶着弓袋箭袋，陪貴國君玩玩了。」

不亢不卑，有禮有體。好！

重耳一番綿裏藏針、有分寸、合身份的話，楚國大將軍成得臣反而聽得不合意，提議殺他。楚王說：

「晉公子志向高、氣派大，卻又有節制、有修養，舉止談吐，大方得體；他的一班隨員，也都嚴謹而又寬厚，忠誠而又能幹。現在晉國君主眾叛親離，內外聲譽

都不好：我聽說他們是周成王幼弟唐叔的苗裔，祖澤深厚，好運氣大概會維持得長久吧，莫非將來就是由這位公子領導復興嗎？如果天意要興旺他，誰能廢掉他呢？違背天意，我恐怕有大災難啊！」

於是就把重耳送到秦國——秦本來就是晉的姻親，如果由楚幫他北上復國，在重耳未必願意欠這個情；從楚來說，也是投資風險大、回報率低，犯不着嘛。

* * *

秦穆公又一次投資在晉的公子身上。這次是重耳了。他送給重耳五位美女，其中包括當初許配給晉懷公（惠公夷吾之子、重耳的侄兒）的懷嬴。懷嬴端着臉盆侍奉，重耳洗過了手，就揮手讓她離去。她發怒說：

「秦晉是平等的國家，為什麼看不起我？」

重耳懼怕起來，就放低了姿態，自我禁閉一番，

表示謝罪。

一天，穆公正式宴請重耳。狐偃說：「應付這個大場面，我比不上趙衰那樣會講話，就讓他陪着公子出席吧。」那時，隆重的外交場合，賓主雙方都要賦詩言志，以作應酬。重耳賦詠了暗示求助渡河返國的《河水》──這首詩後來失傳了，穆公「聞弦歌而知雅意」，也就選擇了周宣王出征玁狁的《小雅·南有嘉魚之什·六月》一詩，暗示秦在西周故地，願意出兵相助。學問好、心思靈敏的趙衰，就立即代表重耳宣告領謝。重耳也立即下階，叩頭拜謝。穆公也下階一級，表示不敢當。趙衰說：

「國君以輔佐天子的重任託付重耳，重耳怎敢不下拜？」

一次重要的國際合作，就這樣達成了。

* * *

魯僖公二十四年（前 636 年）春天，周曆的正月，

秦穆公派兵護送重耳回國。到了河邊，狐偃呈上玉璧，對重耳說：

「微臣背着馬韁繩跟從君主巡行天下，這些年來，一路上得罪的地方恐怕很多，連我自己也知道了，何況君主您呢？請讓我從此在您面前消失吧。」

好個世事洞明、人情練達的狐偃！若百餘年後，越國大夫文種若也有這個智慧，就會聽從范蠡的勸告，急流勇退，而不致「狡兔死，走狗烹」，為勾踐所害了！

當然重耳絕不是那個「長頸鳥喙、鷹視狼步」、涼薄寡恩的勾踐！他立即挽留狐偃，發誓說：

「如果我不跟舅舅一條心，我就是一去不回的河水！」

說着，就把玉璧投進河裏了。

本來要抗拒秦軍的晉兵，變成了歡迎重耳的儀仗隊。重耳即位而為文公。當年出走，他是四十三歲，五十五歲到齊，六十一歲到秦，次年回國；奔波流離在外，足足十九個春秋！因為失位失勢，飽嘗了人間的冷暖。特別是與晉同姓的鄭、曹、衛等國，都加以輕慢侮辱；異姓而強大的秦、楚雖然表示禮待，卻又明顯地利用、要挾。原來已經很有領導才德的他，艱苦備嘗，歷練飽經，此刻已經是一位大器晚成的諸侯盟主了。

*　　*　　*

不過政治許多時候都是極其殘酷的，利害關頭，往往所謂「親人」之間，相斫相仇往往比「路人」更慘烈！當年共遭驪姬之難的異母弟夷吾即位成了晉惠公，就屢屢追殺重耳；現在他的兒子圉（晉懷公）也在文公即位之際，就被殺了。

公子圉一死，原本是惠、懷舊人的郤芮、呂甥──就是當日說服秦穆公放還晉惠公的那一位呂子金──都恐怕禍及自身，就計劃火焚宮殿，害死文公。

當年奉命追殺重耳的寺人披，也參與了計劃。但他盤算一番後，就跑到文公那裏求見。

「你還有膽子和臉面來見我呀！」

文公拒不接見，並且派人斥責他說：

「當年在蒲城，獻公命你明晚來，你當晚就到。後來我在狄國，你又替惠公來殺我。給你的期限是三天，你一天就來了！雖然那時你是奉命，可是也不必這麼快、這麼狠吧？你看，當年被你斬下的衣袖還在呢！不是縮得快、跑得快，我手也沒有了，命也沒有了！現在不立即算賬，已經是便宜你了，你滾蛋吧！」

寺人披回答說：

「微臣以為君侯這次回來，已經成熟了，明白事理了；如果還不明白，恐怕災難仍然不斷呢！我們當差的，就只知道心無二念，執行任務，這是從古以來的規

矩。君主討厭什麼，我就盡力替他除去。什麼蒲城人、狄人，我全不當回事。現在君侯是我國的元首了，難道完全沒有政治上的敵人，沒有另一個蒲城、另一個狄國嗎？」

對呀！這太監就是一頭只知忠於主人的猛犬！現在自己正需要這樣一頭猛犬——猛犬也要講講歷史，以人為鑒了。

「當年齊桓公和兄弟公子糾爭位，管仲一箭幾乎把他射個前心後背通透。桓公得位，不只不記舊仇，還用他為相，成就了霸業。現在君侯的做法如果和桓公相反，那麼，不必驅逐，微臣自己會離開——恐怕離開的，還不只是我這個受過宮刑的太監！」

對，正在用人之際。於是文公就接見了他，知道了郤、呂等人的計劃，便祕密到了秦國。果然一天晚上，晉宮大火，郤、呂二人搜遍了殿室，都找不到文公。他們趕到黃河邊，大抵是打算告訴秦穆公，請他

再一次另立新君吧。穆公詐作同意,把他們誘入秦境殺了。

＊　　＊　　＊

文公回晉,帶回懷嬴夫人和陪嫁以充實禁衛的三千士兵。這支深入晉國權力中心的部隊,是不是另有作用,晉文、秦穆都是英明無比的霸主,彼此心裏都一定是有數的。

心裏的事有時沒人能知。文公當年有個近身小僕,名叫頭須,就在他們匆忙離狄之時,挾帶財物跑了。據說他後來就用這些財物幫助重耳回國。頭須這時也來求謁,文公推說正在洗頭,不能見他。頭須說:

「難怪!難怪!洗頭的時候,頭彎下來,心也倒轉,難怪思想也顛倒,所以不肯見我了。其實忠臣不止一種:跑到外邊的,是替主人辦事,留在這裏的,是替主人守着社稷根本,不是都有功勞嗎?何必獨要加罪留守的人呢?高高在上的一位國君,卻要對一個匹夫平民追仇記恨,那不是嚇怕了更多的人嗎?」

文公聽了僕人傳告的話，便重新收容了他，還讓他跟隨着到處出現，於是安心歸順文公的人就更多了。

　　晉公子重耳之及於難也，晉人伐諸蒲城。蒲城人欲戰，重耳不可，曰：「保君父之命而享其生祿，於是乎得人。有人而校，罪莫大焉。吾其奔也。」遂奔狄。從者狐偃、趙衰、顛頡、魏武子、司空季子。狄人伐廧咎如，獲其二女叔隗、季隗，納諸公子。公子取季隗，生伯儵、叔劉；以叔隗妻趙衰，生盾。將適齊，謂季隗曰：「待我二十五年，不來而後嫁。」對曰：「我二十五年矣，又如是而嫁，則就木焉。請待子。」處狄十二年而行。過衛，衛文公不禮焉。出於五鹿，乞食於野人，野人與之塊，公子怒，欲鞭之。子犯曰：「天賜也。」稽首，受而載之。

　　及齊，齊桓公妻之，有馬二十乘，公子安之，從者以為不可。將行，謀於桑下，蠶妾在其上，以告姜氏，姜氏殺之，而謂公子曰：「子有四方之志，其聞之者吾殺之矣。」公子曰：「無之。」姜曰：「行也，懷與安，實

敗名。」公子不可，姜與子犯謀，醉而遣之。醒，以戈逐子犯。

及曹，曹共公聞其駢脅，欲觀其裸。浴，薄而觀之。僖負羈之妻曰：「吾觀晉公子之從者，皆足以相國，若以相，夫子必反其國。反其國，必得志於諸侯。得志於諸侯而誅無禮，曹其首也。子盍蚤自貳焉。」乃饋盤飧，寘璧焉。公子受飧反璧。

及宋，宋襄公贈之以馬二十乘。及鄭，鄭文公亦不禮焉，叔詹諫曰：「臣聞天之所啓，人弗及也。晉公子有三焉，天其或者將建諸，君其禮焉。男女同姓，其生不蕃，晉公子，姬出也，而至于今，一也。離外之患，而天不靖晉國，殆將啓之，二也。有三士足以上人，而從之，三也。晉鄭同儕，其過子弟，固將禮焉，況天之所啓乎？」弗聽。

及楚，楚子饗之，曰：「公子若反晉國，則何以報不穀？」對曰：「子女玉帛則君有之，羽毛齒革則君地生焉。其波及晉國者，君之餘也，其何以報君？」對曰：

「雖然，何以報我？」對曰：「若以君之靈，得反晉國，晉楚治兵，遇於中原，其辟君三舍。若不獲命，其左執鞭弭，右屬櫜鞬，以與君周旋。」子玉請殺之。楚子曰：「晉公子廣而儉，文而有禮。其從者肅而寬，忠而能力。晉侯無親，外內惡之。吾聞姬姓，唐叔之後，其後衰者也，其將由晉公子乎！天將興之，誰能廢之？違天必有大咎。」乃送諸秦。秦伯納女五人，懷嬴與焉。奉匜沃盥，既而揮之。怒曰：「秦晉匹也，何以卑我！」公子懼，降服而囚。他日，公享之，子犯曰：「吾不如衰之文也，請使衰從。」公子賦河水，公賦六月，趙衰曰：「重耳拜賜。」公子降，拜，稽首，公降一級而辭焉。衰曰：「君稱所以佐天子者命重耳，重耳敢不拜？」

二十四年，春，王正月，秦伯納之，不書，不告入也。及河，子犯以璧授公子曰：「臣負羈紲從君巡於天下，臣之罪甚多矣。臣猶知之，而況君乎！請由此亡。」公子曰：「所不與舅氏同心者，有如白水。」投其璧于河。

濟河，圍令狐，入桑泉，取臼衰。二月，甲午，晉

師軍于廬柳。秦伯使公子縶如晉師，師退，軍于郇。辛丑，狐偃及秦晉之大夫盟于郇。壬寅，公子入于晉師。丙午，入于曲沃。丁未，朝于武宮。戊申，使殺懷公于高梁。不書，亦不告也。呂、郤畏偪，將焚公宮而弒晉侯。寺人披請見，公使讓之，且辭焉，曰：「蒲城之役，君命一宿，女即至。其後余從狄君以田渭濱，女為惠公來求殺余，命女三宿，女中宿至。雖有君命，何其速也。夫袪猶在，女其行乎。」對曰：「臣謂君之入也，其知之矣。若猶未也，又將及難。君命無二，古之制也。除君之惡，唯力是視，蒲人、狄人，余何有焉。今君即位，其無蒲、狄乎？齊桓公置射鉤而使管仲相，君若易之，何辱命焉？行者甚眾，豈唯刑臣。」公見之，以難告。三月，晉侯潛會秦伯于王城。己丑晦，公宮火。瑕甥、郤芮不獲公，乃如河上，秦伯誘而殺之。晉侯逆夫人嬴氏以歸。秦伯送衛於晉三千人，實紀綱之僕。

初，晉侯之豎頭須，守藏者也。其出也，竊藏以逃，盡用以求納之，及入，求見，公辭焉以沐。謂僕人

曰：「沐則心覆，心覆則圖反，宜吾不得見也，居者為社稷之守，行者為羈絏之僕，其亦可也，何必罪居者？國君而讎匹夫，懼者甚眾矣。」僕人以告，公遽見之。

（《春秋左傳正義》，僖公二十三年、二十四年傳，469 頁）

05 燭之武　老謀深算解重圍

　　晉文公繼承齊桓公「尊王攘夷」、「挾天子以令諸侯」的霸主事業，努力阻遏變強的楚國北上中原之勢。鄭國居於華夏諸侯之列，卻在晉楚城濮大戰前夕，偷偷和楚通好。押錯了寶的鄭文公，在此之前至少已經做過一件他以為沒什麼，其實卻是大錯特錯的事──狗眼看人低，瞧不起當年落難流亡的公子重耳，態度冷淡，不理不睬。舊恨新仇，公憤私怨，晉文公於是大興問罪之師，要一併清算。

　　西方強大的秦國，這時也應邀出兵；因為兩國是姻親兼盟國、盟友加夥伴的關係。這是魯僖公三十年（前 630 年）的事。

　　鄭國於是就被包圍了。弱小的鄭經不起任何一個超級大國的一擊，更何況是兩國？不過，也幸好是兩國。兩國，中間就必然有矛盾，有恩怨利害。至少，這兩國，是兩軍，並不是統一指揮的聯合部隊。且看他兩

國之君分別督師，誰也不能號令誰，一個駐紮在西，一個集結於北，正像兩頭兇猛大貓，注視着同一隻老鼠，準備撲殺。

北方那頭是真正既怨且怒的貓，無話可說。至於西方那頭，或者可以勸說。

問題是讓誰去說。

「燭之武吧。他有辦法。」大夫佚之狐提議。

鄭文公就親自去邀請。

還好不是「召見」，是親自來請，不過，老先生還是心頭打翻了五味架。多年來的懷才不遇，多年來的冷眼相加。

「多謝主公您的好意了！只可惜下臣年輕力壯的時候，還是什麼都比不上別人；現在老了，不中用了！」

酸酸的、推辭的話，鄭文公還是聽得懂的。時間的累積，加上國難當頭，他也不敢再無禮了，趕忙道歉說：

「這都是寡人不對啊！寡人不能及早重用先生，現在事情急了才來求先生幫助，就請原諒我這個愧為人君者的過失吧。再說，鄭國如果亡了，不是大家都沒好處嗎？還是請先生再考慮考慮吧。」

話真是說得入情入理。到底是一國之君嘛，都親自來邀請，親口道歉了。到底是自己的祖國，都危在旦夕了。燭之武最後就只好答應了。

＊　＊　＊

晚上。

黑沉沉，一片死寂。

刁斗森嚴，被困的孤城上偷偷地吊下了臨危受命的老人家——燭之武。

為祖國死裏求生的使者，見到了一念可以決人國於生死的霸者。

要說話了。

沒有可能長篇大論地說話，霸者是不耐煩的。

沒有必要說乞憐哀懇的話，霸者是嗜血的。

似乎也無從談什麼條件。如石擊卵，一下子，什麼都是他們的了。

對。是「他們」的了，不等於是「他」的了。

就在這裏想辦法。

辦法，早在縋城而出之前，已經想好。

「秦、晉一同包圍我們鄭國，鄭國是死定了。誰都知道，我們也無話可說。」

——奇怪！這個人既不乞憐求饒，也不討價還價，他要說什麼？一代雄主，於是有興趣聽下去。

「倘若鄭國亡了，對貴國真正有益，那就請動手吧。不過，要跳過中間一個大國而接收、統治遠方的疆土，您一定知道是怎樣的困難吧？那又何必勞師動眾遠征，滅了鄭國，只便宜了在貴我兩國之間的、貴國旁邊那個大國呢？鄭國肥了，不就等於貴國瘦了嗎？」

——對啊！有道理。我一向擔心的就是這個。

「反過來說，如果貴國放過我們，讓我們擔當貴國東方路上的接待者，貴國一切外派人員經過這邊的，都由我們照應，這樣也沒有什麼不好吧？」

——對，不錯，也不錯。秦穆公的臉色是愈來愈和緩了。

「還有，唉！下臣也不想說。不過，許多人都說過了，許多人都替貴國覺得不值，特別是替國君您感到不值。好心得不到最低限度的、合理的報答——更不要說好報了，貴國不是幫過晉國君主許多大忙嗎？他們許諾以五座城池作為酬報，怎知早上你們幫他們渡過黃河，黃昏他們就築起牆來，你們連望一望都不成了！您是寬懷大量的，不過，這些忘恩負義的事，要人忘記，實在很難呢！」

——是啊！是啊！夷吾這幫混蛋，我看走了眼。重耳是好多了。不過也還是難搞，到底是晉國人嘛。

「唉！那個晉國嘛！又怎會饜足呢？吞併了南方的鄭，下一步自然是『奔向西方』，要向西擴展。不欺負你們，土地往哪裏找呀？」

——真的，真的要提防啊！

「要說的話，下臣已經說完了，要不要損了秦國，肥了晉國，請您考慮考慮吧。」

——還用考慮嗎？這位老先生的話，倒也合情合理，不花不假。他短短一番話，提到了我們九次，次次都說到了我們根本的利益。真的很清楚，亡了鄭國，只便宜了晉國；強了晉國，等於是弱了秦國。反之，保存鄭國，作為自己東邊的一顆棋子，牽制着晉國，也不壞呀！晉國的人，確實好幾次背信棄義，也確實有威脅。就這樣吧。

於是，秦鄭——是「鄭」，不是「晉」——又締結了友好互惠條約。依約，一批秦兵，在杞子、逢孫、楊孫統領之下，組成「軍事顧問團」，駐守在鄭國，以照

顧「彼此的共同利益」。

鄭國，是被放過了——當然，也並不是真正被放過了。

晉文公自然也並不想就此罷休。事出突然，晉國君臣都十分憤怒。連在那十九年流亡歲月中，屢屢勸止公子重耳衝動的狐偃，這次也主張要打——打鄭國，也免不了要打秦軍。凡是侵犯晉國利益的都要打。

這次反而是重耳——現在是老成睿智的晉文公了——勸止了大家。此刻不是翻臉的時候。

「不可以打。我們有能力打，還是當初人家幫助的結果呢。有力量了，就回過頭打人家，這是不厚道。不打，好歹還是盟國，一打，就撕破臉了，這是不聰明。原本是矛頭一致，一打，就自相攻擊，亂了方向，這是不合軍事原則的。

「對了。晉與秦不是攻守同盟嗎？他們退兵，我們也退兵好了。」

漂亮的下臺階找到了。賬，以後有機會再算吧。

九月，甲午，晉侯、秦伯圍鄭，以其無禮於晉，且貳於楚也。晉軍函陵，秦軍氾南。佚之狐言於鄭伯曰：「國危矣，若使燭之武見秦君，師必退。」公從之。辭曰：「臣之壯也，猶不如人，今老矣，無能為也已。」公曰：「吾不能早用子，今急而求子，是寡人之過也。然鄭亡，子亦有不利焉。」許之。夜縋而出，見秦伯曰：「秦、晉圍鄭，鄭既知亡矣。若亡鄭而有益於君，敢以煩執事。越國以鄙遠，君知其難也，焉用亡鄭以倍鄰？鄰之厚，君之薄也。若舍鄭以為東道主，行李之往來，共其乏困，君亦無所害。且君嘗為晉君賜矣，許君焦、瑕，朝濟而夕設版焉，君之所知也。夫晉何厭之有？既東封鄭，又欲肆其西封，不闕秦，焉取之？闕秦以利晉，唯君圖之。」秦伯說，與鄭人盟，使杞子、逢孫、楊孫戍之，乃還。子犯請擊之，公曰：「不可。微夫人之力不及此。因人之力而敝之，不仁；失其所與，不知；以亂易整，不武。吾其還也。」亦去之。

（《春秋左傳正義》，僖公三十年傳，532 頁）

06 秦與晉　和戰恩仇爭霸業

　　春秋五霸的功業，開始者是首創「尊王攘夷」的齊桓公；不湯不水，以失敗收場的是宋襄公；以南犯北、問鼎中原的是楚莊王；不能東進，只霸於西方的是秦穆公；「挾天子以令諸侯」，把「尊周室，攘夷狄」的偉業推到最高峰的是晉文公。

　　楚軍北侵，晉文公因為當年流亡在外，曾蒙楚君招待，答應「退避三舍」以相報，這時就真的退讓九十里，到了城濮，然後反攻，大獲全勝。諸侯一致推服，在周天子代表的見證之下，結盟於踐土，晉文公成為威震天下的盟主。

　　文公去世還沒有安葬，繼位者襄公就西挫強秦，南抑勁楚，使中原有了一個相對安定的局面。後來晉分裂成趙、魏、韓三國，前二者在戰國前期還很強大，可見晉的餘威之盛、國力之厚。

　　話說公元前 630 年，秦晉圍鄭的聯合行動，因燭之

武一番動人的話宣告瓦解；過了一年多，晉文公病死，出殯的時候，棺材忽然抬不動，裏面發出牛叫般的聲音！掌管占卜的官就叫群臣下拜，說：

「君主現在臨走了，有重要的消息要大家留意：

「不久，西方會有軍隊越過我們邊境。——打他！一定得勝。」

真的是晉文公顯靈呢？還是荀子所謂「君子以為文，百姓以為神」，主政者藉着宗教鬼神的力量，警醒人心，振奮士氣，凝聚力量，以準備打擊遲早會來的敵人呢？讀歷史的人想想好了。

那個不點明的「西方敵人」，自然是秦國，晉的姻親，文公的妻子、襄公的母親懷嬴的父親，也就是秦穆公。

秦穆公剛好收到「卧底」於鄭國的將軍杞子的密報：

「鄭國竟叫我掌管北門的防務。偷偷派兵來吧，裏

應外合，鄭國就是我們的了。」

　　穆公大喜，姑且問問老賢臣蹇叔的意見。
　　怎知蹇叔真的反對，說：

　　「我看不是辦法吧？軍隊走得疲倦，人家又早有準備，恐怕佔不到便宜。白白辛苦一番，恐怕軍心還會不穩呢！軍隊走動千餘里，想人不發覺，行嗎？」

　　太囉唆！不中聽！穆公對晉國、對蹇叔都沒有耐心，就任命賢相百里奚的兒子孟明視為主帥，西乞術、白乙丙為副帥，浩浩蕩蕩，直出東門而去。
　　忽然有位老頭子哭着來送行——原來是蹇叔：

　　「孟先生啊！我見到大軍出發，見不到大軍回來了！」

　　穆公大不高興，使人責備老人家說：

「你真是烏鴉嘴！對啊，見不到大軍回來，是你自己早就死了啊！你實在太老，老得癡呆了！如果你六七十歲的時候就死，現在你墓上的樹木，已經大得可以合抱了！你實在太老了！」

是的，他們都老了，老得控制不了自己。賢臣蹇叔，為憂國憂民而控制不了自己；君主穆公，圖霸心切而控制不了自己。蹇叔哭着對隨軍出發的兒子說：

「晉人要截擊我們，一定是在殽山。那裏有兩座高地：南邊的，是夏王的墳地，北邊的，是當年周文王躲避風雨之處，都是既險要又多幽靈的地方。你們要小心啊！搞不好，你們全死在那裏！唉！唉！我看要到那裏替你執骨了！」

帶着霸主的命令，帶着年輕人的驕狂，也帶着些許忐忑與迷惘，三位將領，領着三百多乘兵車，兩萬多名甲兵，向夢寐以求的中原，東撲過去。

一過去就是荏弱不堪，而仍然號稱是天下共主的

周。輕快敏捷的秦軍，經過洛邑的北門。依照禮制，兵車左右的軍士，要把武器放在車上，除下頭盔，脫了護甲，下車步行，以示敬意，表示不敢與周天子為敵。現在，秦軍是大不耐煩這些「繁文縟節」了，他們草草地除一下盔，稍一下車，車還未盡過都門，他們便急急跑步跳躍上去，又輕佻，又自覺勇武。那時周朝有位王孫滿，年紀還小，看見秦軍走過的狀態，就對周王說：

「秦軍又輕率、又無禮，一定會失敗！輕率，就不會審慎周詳；無禮，就一定軍紀鬆弛。他們進入險地，卻粗心大意，沒有謀略，要不失敗，難了！」

秦軍到了滑國，有位鄭國商人弦高，剛好到周做生意，經過這裏，就立即拿了四張熟牛皮做引禮，十二頭牛做主禮，自稱代表鄭國，犒勞秦軍。他說：

「敝國國君聽聞先生們要經過敝國，敬請各位接受犒勞。敝國並不富有，不過能招待貴國大軍，實在十分榮幸。敝國準備如果大軍停留一天，就供應一天的軍

糧：如果不停留而繼續行程，就供應一晚的警衛，讓各位休息休息。」

這是委婉得體的歡迎辭，也是嚴陣以待的警告書——你們的行蹤，我們都知道了；應付突襲的反擊戰，我們都準備好了。就看你們怎麼來了。

這位從此流芳百世的愛國商人，一面安撫秦師，一面急告鄭穆公。穆公就派人到秦國駐鄭的軍事顧問團那裏去，一看，果然東西都捆紮裝載，兵器都磨得光閃閃的，馬匹都已餵飽，顯而易見是準備大幹一場了！

他就派皇武子去送行，說：

「啊，原來大家準備離開了。大家在敝國也耽擱了好一段時間，各種肉食都差不多吃光了吧？敝國有個『原圃』，就像貴國的『具圃』一般，都是打獵的好地方啊。請你們順路到那裏散散心，打些麋鹿吃吃，也讓敝國休息休息吧，怎麼樣？」

名為辭別，名為為招待不周而道歉，實則是強硬

的逐客令。意思很明白：我們一向盡力招待，想不到你們真的包藏禍心，竟要偷襲！現在我們什麼都發現了，你們快走吧！

不過，話還是說得極委婉。心裏有鬼的駐鄭秦軍三大將領——杞子、逢孫、楊孫——就分別逃往東方的齊、宋——為什麼不向西，和按計劃東進的秦軍碰頭呢？大概就是害怕陰謀已經完全敗露，鄭國（甚至晉國）軍隊已經在企圖裏應與外合者之間截擊了吧。

秦軍現在也知道鄭國有備了。只是當初預備偷襲，預備有內應，所以兵力不多，要圍城迫降，接濟供應又跟不上，實在沒有取勝的把握，唯有立即退軍，順手滅了那個又小又毫無準備的、可憐的滑國。

也算是帶着一些戰利品吧，秦軍要「凱旋」回國了——可惜他們差點兒永遠回不了國。

一路上看着、忍着的晉國，此刻要撲出來，做攔路之虎了！

虎將先軫，向來是晉國朝中「鷹派」的領袖，他極力主張立即開戰：

「秦君違背了蹇叔老成持重的意見，以貪念驅百姓來侵略。這支不義之師，是公道的上天送給我們打的。天賜的不要放棄，敵人不要放過；放過了敵人，一定有後患，違背了天意一定不祥。一句話，一定要打秦兵！」

「鴿派」大臣欒枝仍然主張多觀望考慮一下。多年來秦國對晉國屢屢立君、賑災，這些恩惠還未完全報答；現在晉文公剛剛過世，就攻擊他的岳丈秦穆公，似乎真的是當他死了就是死了，無知無覺，後人怎麼辦都可以的樣子。先軫駁斥道：

「秦國不僅沒有弔祭我們先君之喪，還侵滅我們同姓的滑國，這是秦國的野蠻本質，談什麼對我們的恩惠呢？我聽說：『放過敵人一天，招致後患百世。』我們現在動手，是替子孫打算，怎會對不起先君在天之靈呢？」

晉國於是就出兵了。

這時繼位者襄公還在父喪期間，為免不吉利、不方便，就穿上了染黑的喪服，親自領兵，動員當初被秦

人追逐而收容於晉惠公的姜戎，組成部隊助戰，在秦兵歸途上埋伏包圍，迎頭痛擊，以逸待勞，以多攻少，殺得秦兵片甲不留，三大統帥也全都變成了俘虜——地點就在殽山。

凱旋回京，就準備安葬文公，以三名秦軍元帥作為活祭，以安慰答謝先君在天之靈。

先君的妻子懷嬴早已心有不安。娘家與夫家的衝突、決裂，把懷嬴（襄公母后）的心撕碎了。此刻，她就向兒子提議：

「弄得兩國領袖親家成仇的，是這三個好戰的家夥！我們秦國國君如果抓到他們，就是把他們的肉吃了，也還不足以解恨呢！何必勞動大家？乾脆把他們趕回去，讓他們被自己人宰殺，讓大家在這邊和你外祖父同樣快意，怎麼樣？」

——聽起來滿有道理嘛。講這話的又是母親，做兒子的——而且是還不夠老練的襄公——這時怎能說「不」？

「不！怎麼可以這樣？」到先軫上朝，見不到那三名重要俘虜，一問起，原來已經放了，就大大地冒火，也不顧君臣之禮了，就對襄公咆哮：

「軍士們費盡了力氣，才在疆場上生擒這批混蛋，一個女人輕輕幾句話，就放回敵國！勝利的成果損失了，敵人白白便宜了，這樣搞，恐怕最終有一天就連國家也亡了！」

愈說愈氣，就一大口唾沫吐了過去！

將軍陽處父奉命快馬追趕，那三名秦將已經在黃河船上了。陽處父解下左邊的馬，假託是襄公所贈，請他們上來接受。對方沒中計，孟明視還在船上叩頭致謝說：

「十分感謝貴國國君的恩惠，不把我們三個罪犯殺了祭鼓，讓我們回國受刑。我們喪師辱國，敝國國君把我們處死，死了也是名留青史，不枉此生。如果依照貴國國君施恩的例子而赦免了我們，三年後再來正式拜謝吧！」

　　冬，晉文公卒。庚辰，將殯于曲沃，出絳，柩有聲如牛。卜偃使大夫拜，曰：「君命大事，將有西師過軼我，擊之，必大捷焉。」杞子自鄭使告于秦，曰：「鄭人使我掌其北門之管，若潛師以來，國可得也。」穆公訪諸蹇叔，蹇叔曰：「勞師以襲遠，非所聞也。師勞力竭，遠主備之，無乃不可乎！師之所為，鄭必知之。勤而無所，必有悖心。且行千里，其誰不知？」公辭焉，召孟明、西乞、白乙，使出師於東門之外。蹇叔哭之曰：「孟子，吾見師之出，而不見其入也！」公使謂之曰：「爾何知？中壽，爾墓之木拱矣！」蹇叔之子與師，哭而送之，曰：「晉人禦師必於殽。殽有二陵焉：其南陵，夏后皋之墓也；其北陵，文王之所辟風雨也。必死是間，余收爾骨焉。」秦師遂東。

（《春秋左傳正義》，僖公三十二年傳，540頁）

三十三年，春，秦師過周北門，左右免冑而下，超乘者三百乘。王孫滿尚幼，觀之，言於王曰：「秦師輕而無禮，必敗。輕則寡謀，無禮則脫，入險而脫，又不能謀，能無敗乎？」

及滑，鄭商人弦高將市於周，遇之。以乘韋先，牛十二，犒師，曰：「寡君聞吾子將步師出於敝邑，敢犒從者。不腆敝邑，為從者之淹，居則具一日之積，行則備一夕之衛。」且使遽告于鄭。鄭穆公使視客館，則束載、厲兵、秣馬矣。使皇武子辭焉，曰：「吾子淹久於敝邑，唯是脯資餼牽竭矣。為吾子之將行也，鄭之有原圃，猶秦之有具囿也，吾子取其麋鹿，以閒敝邑，若何？」杞子奔齊，逢孫、楊孫奔宋。孟明曰：「鄭有備矣，不可冀也。攻之不克，圍之不繼，吾其還也。」滅滑而還。

晉原軫曰：「秦違蹇叔，而以貪勤民，天奉我也。奉不可失，敵不可縱，縱敵患生，違天不祥，必伐秦師。」欒枝曰：「未報秦施而伐其師，其為死君乎！」先軫曰：「秦不哀吾喪而伐吾同姓，秦則無禮，何施之為？

吾聞之，一日縱敵，數世之患也。謀及子孫，可謂死君乎！」遂發命，遽興姜戎，子墨衰絰，梁弘御戎，萊駒為右。

夏，四月，辛巳，敗秦師于殽，獲百里孟明視、西乞術、白乙丙以歸。遂墨以葬文公。晉於是始墨。文嬴請三帥，曰：「彼實構吾二君，寡君若得而食之，不厭，君何辱討焉？使歸就戮于秦，以逞寡君之志，若何？」公許之。先軫朝，問秦囚，公曰：「夫人請之，吾舍之矣。」先軫怒曰：「武夫力而拘諸原，婦人暫而免諸國，墮軍實而長寇讎，亡無日矣！」不顧而唾。公使陽處父追之，及諸河，則在舟中矣。釋左驂，以公命贈孟明，孟明稽首曰：「君之惠，不以纍臣釁鼓，使歸就戮于秦。寡君之以為戮，死且不朽。若從君惠而免之，三年將拜君賜。」

（《春秋左傳正義》，僖公三十三年傳，544 頁）

07 秦穆公　責任肩承顯風範

　　秦國偷襲和消滅鄭國，無功而還，反落得被晉國攔路截擊，全軍覆沒。敗訊震動朝野，自然有不少聰明伶俐的臣子，用各種動聽的理由，替君主開脫——譬如說：「最高決策一貫正確，只是執行者理解不清，辦事不力。」或者說：「負責情報的官員應當引咎自盡——至少應該革職——因為他們誤導了神武英明的領袖。」又或者說：「那三名敗軍之將活着回來，簡直是羞恥！不過，正好把他們明正典刑，以儆效尤，以作鑒戒。」等。總之，主公，始終是英明的。

　　秦穆公確實是英明的，因為他完全不聽這一套；他把責任歸到自己身上。他對自己動了過分的貪念，不聽老臣諫言，誤信逢迎上意、好大喜功者的提議，以致兵敗將亡、三帥被俘，感到十分愧悔。他穿了素白的喪服，親自到郊野迎接倉皇遁回的孟明視、西乞術、白乙丙，哭着向大家說：

「孤家不聽蹇叔的忠言，令大家蒙受敗亡的恥辱，這都是孤家的罪過！

「一切都是孤家的罪過，縱使將士們臨陣大意，那過失也掩蓋不了他們多年來的功績！」

在悼念陣亡將士大會上，秦穆公發表了一篇感人的誓詞——這就是《尚書》的最後一篇，後來《四書》之一的《大學》也引述了這篇《秦誓》——穆公向秦國上下檢討過去，策勵未來，為再度出征而誓師：

「大家請靜聽，我要和大家講些重要的話。

「古人說過，人都喜歡隨心任意，許多過錯就是由此而生。我們責怪別人很容易，被人責怪，而能從善如流，那就難了。我所憂心的是：日子過去就不能回來，要補償過失，機會不會太多，真的要好好把握。

「往日的謀臣，我已經不能再接近；如今的謀臣，就只有多見些面，多參考他們的意見了。話雖如此，長者的意見，我還是要多多請教，這樣才不會有大差錯。

「白髮蒼蒼的臣子，體力是衰退了，我還是要親

近。年輕力壯的人，射箭、駕車的本領都不差，我卻不能就此便對他們滿意——很簡單，如果他們花言巧語，弄得君主暈頭轉向，我又怎能信任他們呢？

「我常常暗想：如果有位臣子老老實實的，看來沒有什麼特別才華，只是心裏充滿了善念，胸襟開闊，能夠容納人才，看到人家有長處，就好像自己有長處一般高興，心口如一地欣賞人家的本領，那麼，這樣的人，我確實要重用他。有了他，我們的國家才會賢能輩出，我們的百姓、我們的後代才有希望。

「反過來說，如果看到人家有長處，就滿心妒忌，人家有智慧聰明，就千方百計阻撓人家出頭露角，這樣的人，我一定不容，免得他阻塞賢路，累了國家，累了天下後世！

「說到底，國家不安寧，責任就在君主；國家安定繁榮，也就是君主的喜慶！」

* * *

那時晉國先軫因為自己太激動了，侮辱了襄公，

很覺愧疚，就在一次領兵攻打狄人時，除去套巾，直衝敵陣，讓狄人把自己射死，算是服了辱君之罪。襄公大為哀惜，厚加安葬，並且任命他的兒子先且居為元帥，擊敗了秦帥孟明視的襲擊，後來又聯合宋、陳、鄭三國攻秦，佔了兩座城池。

即使一敗再敗，秦穆公還是信任孟明視；君臣都痛自檢討，繼續奮發。公元前 624 年春夏之間，穆公與孟明視帶兵渡過黃河，燒掉了回去的舟楫，以示不勝無歸。晉軍畏懼秦兵的銳氣，不敢迎擊。秦軍在殽山收拾了當年大敗伏屍荒野者的骸骨，就地安葬，軍隊回國後，秦就在西戎之中稱霸了。

秦伯素服郊次，鄉師而哭曰：「孤違蹇叔，以辱二三子，孤之罪也。不替孟明，孤之過也，大夫何罪？且吾不以一眚掩大德。」

（《春秋左傳正義》，僖公三十三年，547 頁）

公曰：「嗟！我士，聽無嘩！予誓告汝群言之首。

「古人有言曰：『民訖自若，是多盤。』責人斯無難，惟受責俾如流，是惟艱哉！我心之憂，日月逾邁，若弗云來。

「惟古之謀人，則曰未就予忌；惟今之謀人，姑將以為親。雖則云然，尚猷詢茲黃髮，則罔所愆。番番良士，旅力既愆，我尚有之；仡仡勇夫，射御不違，我尚不欲。惟截截善諞言，俾君子易辭，我皇多有之！

「昧昧我思之，如有一介臣，斷斷猗，無他伎，其心休休焉，其如有容。人之有技，若己有之。人之彥

聖，其心好之，不啻若自其口出，是能容之。以保我子孫黎民，亦職有利哉！人之有技，冒疾以惡之。人之彥聖，而違之，俾不達。是不能容，以不能保我子孫黎民，亦曰殆哉！

「邦之杌陧，曰由一人；邦之榮懷，亦尚一人之慶。」

（十三經注疏整理委員會整理：《秦誓》，見《尚書正義》，668 頁，北京：北京大學出版社，2000 年）

08 齊國佐　負重求和完使命

　　孝是好的，但為了表示自己的孝意，而損害他人，就可能闖出大禍。

　　富貴子弟往往驕縱任性，齊頃公做了國君後尤其如此。公元前 597 年，楚國敗晉於邲，頃公就想代為霸主，但他倒行逆施，又侵伐鄰國，又與楚通好，晉齊關係就緊張了起來。

　　公元前 592 年，晉大夫郤克與齊國鄰近的魯、衞、曹三邦使者，聯袂到齊，邀請會盟。郤克眇一目，魯使者禿頭，衞使者跛，曹使者駝背，齊頃公一見就覺得好笑，也不知君子風度——更不要說「君主風度」了——和人家的尊嚴為何物。他找得有同樣缺陷的幾個人來，分別為四位使者御車，以供躲在帷幕後面的母親蕭同叔子「欣賞」。那位所謂「母后」和一班後宮婦女，看見單眼的御單眼的，禿頭的御禿頭的，跛腳的御跛腳的，駝背的御駝背的，真是一幕奇景、一場活劇，不由得哈

哈大笑。四國使者都極為憤怒，郤克更講了狠話：

「不報此仇，誓不過河！」

不久，楚國北侵之勢因莊王之死而稍緩，齊頃公就攻魯敗衛，直接與兩國背後的晉國起了衝突。當時郤克已經當了晉的主帥，就率領八百乘兵車，聯合魯、衛、曹三國軍隊，在鞌地苦鬥一番之後，大敗齊軍，追入齊境，頃公僅以身免。

頃公派國佐賓媚人獻上寶物，退還所侵魯、衛土地，要求停戰；並說如果不接納，就再次開戰，奉陪到底。滿懷恨意的郤克提出條件：

第二點是要齊國把境內的隴畝道路完全改為東西方向，以便將來晉軍可以長驅直入。

第一點更不可思議：要以蕭同叔子為人質——很簡單，你當初侮辱我們來取悅你的母親，現在就要侮辱你的母親來侮辱你。

面對這兩項苛刻到近乎無理的條件——戰爭本來就往往無理可講——賓媚人，這位齊的國佐——國務

助理——該怎麼辦？

「要報仇，可以；但不能以不孝號令天下。」這是對第一點的答覆。他說：

「相信貴方也知道蕭同叔子不是別人，乃是敝國國君的母親，和貴國君王的母親地位相等。貴國領導諸侯，而要人家以母親作抵押，對崇德尚禮的周天子的偉大任命，你們怎樣交代呢？這不等於是以『不孝』來號召天下嗎？《詩篇》說：『孝子的愛心永不缺少，豐盛得可以送給同類。』貴國的要求，恐怕並非合乎道德原則吧？」

尊王、崇德、尚孝，以及《詩篇》——後來所謂的《詩經》——的教訓，在當時還是價值標準。他接着說：

「至於第二點，先王劃分田土疆界，因應地理條件，而作有利佈置，所以《詩篇》說：『我們的疆土，我們管理；隴畝阡陌，或者由南至北，或者自東而西。』貴國現在只顧自己兵車的方便，不顧我們地勢的實際情況，結果使土地無法灌溉，民生受到妨礙，這恐怕不是

先王政令的本意吧？違反先王之命，又怎可以做盟主呢？其他國家又怎會心悅誠服呢？」

賓媚人還進一步用先王的典範，奉勸了對方一番：

「讓我們看看：禹、湯、文、武四位王者領導天下，都樹立了道德典範，滿足了大家的共同理想。三代的諸侯領袖，也都是辛勤地安撫各國，大家為執行天子的任命而共同努力。《詩篇》說得好：『和平寬大以推廣政令，一切福祿都會豐盛！』如果貴國違背了和平寬大的原則，只知滿足自己的欲望，那就是貴國自己放棄天賜的福祿了，這樣，最後受害的只是貴國自己，和其他諸侯有什麼相干呢？」

話說得差不多了，對方仍然不肯講和，怎麼辦？

「那就讓我們收拾殘餘，重整力量，背靠着自己的城牆，以藉勢一戰吧！

「當然，即使這次好運氣轉而降臨到敝國，敝國還

是聽候貴國的吩咐（和解）的；如果不幸再次打敗，那就更無話可說了。」

這個時候，魯、衛等國既已得回失地，又怕再戰勝負難料，而且從長遠來看，吃虧的總是自己這些小邦，因此就勸晉國說：

「算了吧。他們的傷亡已經慘重，再打，仇恨就更深了。現在貴國已經得了他們的國寶，我們也幸得貴國紓解了被侵的困迫，大家都算有面子了。晉、齊都是大國，誰勝誰敗，恐怕有天意。天意的變化，也常常很難預料呢！」

是的。得些好意須回首，還是算了吧，免得這寶貝齊君投到楚的懷抱，那樣我們的麻煩就更大了。

「好吧。我們一班臣子，也不過是帶了兵車，為同姓的魯、衛求個公道。如果有話可以回去向敝國主公覆命，就是貴國的惠賜了。貴國怎麼說，就怎麼辦吧。」

獻子怒，出而誓曰：「所不此報，無能涉河！」

（《春秋左傳正義》，宣公十七年傳，778 頁）

　　齊侯使賓媚人賂以紀甗、玉磬與地。「不可，則聽客之所為。」賓媚人致賂，晉人不可，曰：「必以蕭同叔子為質，而使齊之封內盡東其畝。」對曰：「蕭同叔子非他，寡君之母也。若以匹敵，則亦晉君之母也。吾子布大命於諸侯，而曰：『必質其母以為信。』其若王命何？且是以不孝令也，詩曰：『孝子不匱，永錫爾類。』若以不孝令於諸侯，其無乃非德類也乎？先王疆理天下，物土之宜而布其利，故詩曰：『我疆我理，南東其畝。』今吾子疆理諸侯，而曰『盡東其畝』而已，唯吾子戎車是利，無顧土宜，其無乃非先王之命也乎？反先王則不義，何以為盟主？其晉實有闕。四王之王也，樹德而濟同欲焉。五伯之霸也，勤而撫之，以役王命。今

吾子求合諸侯,以逞無疆之欲。詩曰:『布政優優,百祿是遒。』子實不優,而棄百祿,諸侯何害焉?不然,寡君之命使臣則有辭矣,曰:『子以君師辱於敝邑,不腆敝賦,以犒從者。畏君之震,師徒橈敗。吾子惠徼齊國之福,不泯其社稷,使繼舊好,唯是先君之敝器、土地不敢愛。子又不許。請收合餘燼,背城借一。敝邑之幸,亦云從也;況其不幸,敢不唯命是聽?』」魯、衛諫曰:「齊疾我矣!其死亡者,皆親暱也。子若不許,讎我必甚。唯子,則又何求?子得其國寶,我亦得地,而紓於難,其榮多矣。齊、晉亦唯天所授,豈必晉?」晉人許之,對曰:「群臣帥賦輿以為魯、衛請,若苟有以藉口而復於寡君,君之惠也。敢不唯命是聽?」

(《春秋左傳正義》·成公二年傳,802 頁)

09 晉知罃　敗軍之將能言勇

　　從公元前 8 世紀中葉開始，南方後起的楚，英主迭出，冶鑄技術先進，武力強橫，盡吞長江、漢水流域的姬姓小國，跟着向北擴展，威脅中原，甚至率先稱起「王」來。於是齊桓、晉文等眾望所歸的國際領袖，就以「尊周室，攘夷狄」的口號，糾合諸侯，共同抑制楚的侵略。到中原霸主不再，無人足以號召、統籌以後，楚的威勢就直逼到黃河南岸。楚莊王時，甚至問九鼎之輕重，想代替周而為「天子」！

　　魯宣公十二年（前 597 年），楚軍大勝晉國於邲，一雪三十多年前城濮大敗之恥，俘獲了晉將知罃；而楚王之子穀臣也被對方擒獲，將軍連尹襄老被射殺。

　　九年之後，晉人提議：以連尹襄老的屍體和公子穀臣，交換知罃。那時，楚莊王已經死了，繼任者因為晉雖戰敗，但元氣未衰，而且已經任命知罃父親荀首為中軍副帥，繼續扣留知罃也沒多大作用，便應允了，並

且親自送別這位「貴賓俘虜」回國，還問他：

「你怨恨我們嗎？」
「不，有什麼好怨的呢？我自己沒用罷了。」

知罃平靜地繼續回答：

「兩國交兵，下臣才能不夠，不能勝任，於是做了俘虜。承蒙貴國辦事人員不殺我祭鼓，並且放我回國，接受本國的懲罰，這是君王的賞賜，下臣有什麼好怨恨的呢？」
「那麼，你感激我們嗎？」

前面答得很得體，現在應該說「是啊，感激啊」之類的門面話了吧？

「也不。貴我兩國，各為本身社稷利益打算，為紓解人民的痛苦，就各自抑制憤怒來互相原諒，兩邊都釋放戰俘來表示友好。雙方高層的這個決定，下臣不曾參與，也不知道該對誰表示感激。」

好！公私不亂，尊嚴不失。楚王還是追問：

「你回國之後，拿什麼報答我？」

——這句話真熟悉。當年楚成王不也是這樣問晉公子重耳的嗎？

當年流亡之君，答之以「退避三舍」；自己是被俘的將領，能作同樣的承諾嗎？

「不知道用什麼報答好。下臣沒有怨恨，也沒有感激，所以不知道報答——不知道報答誰，也不知道報答什麼。」

真是滴水不漏，寸步不讓。

「即便是這樣吧，你還是要把想法告訴我。」

逼到牆角了，徹底攤牌吧。

「託君王之福，我這個罪臣能夠把這副骨頭帶回晉國。如果在自己的國家依法受死，死了，也還是活着。如果因為君王的恩惠，下臣得以在國法上赦免了，交給您的國外之臣——我的父親——荀首，他或者向國君請求，依家法處死我於宗廟，死了，也還是等於沒死。倘若得不到誅戮的命令，反而讓我繼承宗子之位，輪到我帶兵來防守邊界，那麼即使碰到貴國軍隊，我也不敢迴避。我除了竭盡全力，甚至獻出生命，不敢有別的心意。這樣盡了臣子的本分，就是我的報答了。」

好厲害！合禮合法，不亢不卑，從容委婉，而又絕沒有虧失臣節，不忠於國家。

晉國，不單國力仍然雄厚，還有這樣的人才、這樣的風骨！

「晉國，唉，還是未可和它爭鋒啊！」

歎過了氣，楚王就對知罃更加禮遇，好好地送他回國。

　　晉人歸楚公子穀臣與連尹襄老之尸于楚，以求知
罃。於是荀首佐中軍矣，故楚人許之。王送知罃，曰：
「子其怨我乎？」對曰：「二國治戎，臣不才，不勝其任，
以為俘馘。執事不以釁鼓，使歸即戮，君之惠也。臣實不
才，又誰敢怨？」王曰：「然則德我乎？」對曰：「二國圖
其社稷，而求紓其民，各懲其忿，以相宥也。兩釋纍囚，
以成其好。二國有好，臣不與及，其誰敢德？」王曰：
「子歸，何以報我？」對曰：「臣不任受怨，君亦不任受
德，無怨無德，不知所報。」王曰：「雖然，必告不穀。」
對曰：「以君之靈，纍臣得歸骨於晉，寡君之以為戮，死
且不朽。若從君之惠而免之，以賜君之外臣首，首其請於
寡君，而以戮於宗，亦死且不朽。若不獲命，而使嗣宗
職，次及於事，而帥偏師，以脩封疆，雖遇執事，其弗敢
違，其竭力致死，無有二心，以盡臣禮，所以報也。」王
曰：「晉未可與爭。」重為之禮而歸之。

（《春秋左傳正義》，成公三年傳，819頁）

10 楚鍾儀　囚晉南音懷故土

　　好好的一員楚國大將，此刻囚禁在晉的軍用倉庫裏。兩年以前，魯成公七年（前 584 年）的秋天，楚兵攻鄭，諸侯聯軍相救，捉了楚將鍾儀，獻給盟主晉國。

　　前來巡視的晉景公，覺得這個戴着南方的帽子、被五花大綁在那裏的囚犯，看起來一表人才，就問：

　　他是誰呀？

　　報告主公：是鄭國所獻的楚國戰俘。

　　景公叫人鬆了綁，召到面前，要慰問一番。鍾儀行了叩頭答謝的大禮。問起家世，鍾儀說：

「先人是負責戲劇樂曲的。」

「你還會玩玩音樂嗎？」

「先父的本行，不敢不學。」

　　於是，景公給他一張琴。他演奏的是楚國的樂

曲。景公又問：

「你的君主怎樣？」

這可能是隨意的一問，不過，答的人卻很難開口。楚共王是春秋五霸之一楚莊王的兒子，「名父之子難為」，他一次又一次挑起戰爭，一次又一次損兵折將，要用官腔稱頌他，真不知從何說起，而且也輕視了對方的智慧。另一方面，以臣論君，也不知如何說起——

「這不是卑下的我所能知道的。」

景公還要追問，鍾儀就說：

「當我們主上做太子的時候，許多師保（教育輔導人員）照顧着他。早上是賢臣嬰齊，黃昏是賢臣側。其他的，下臣就不知道了。」

＊　　＊　　＊

　　過後，景公對范文子提起。范文子說：

　　「這位楚國俘虜，真有教養啊！他的話，首先提到
先人職事，這是不背根本；演奏鄉土音樂，這是不忘故
舊。提起本國國君，就稱述他做太子時所受賢人的教
誨，這顯示他並非受了即位後國君的私人好處才感激奉
承。在外國君主之前稱呼本國大夫，用『嬰齊』、『側』
這些本名，而不用『子重』、『子反』這些別字，是尊重
對方，恪守禮法。不背根本，是仁愛；不忘故舊，是信
義；無私，是忠心；尊重人君，是敏巧。從仁愛出發，
以信義保守，以忠心成就，以敏巧推行，這樣辦起事
來，無論大小，都一定能成功！」

　　景公便採納了范文子的提議，禮貌地送鍾儀回
國，讓他改善一下晉楚的關係。

　　晉侯觀于軍府，見鍾儀，問之曰：「南冠而縶者，誰也？」有司對曰：「鄭人所獻楚囚也。」使稅之，召而弔之。再拜稽首。問其族，對曰：「泠人也。」公曰：「能樂乎？」對曰：「先父之職官也，敢有二事？」使與之琴，操南音。公曰：「君王何如？」對曰：「非小人之所得知也。」固問之，對曰：「其為大子也，師、保奉之，以朝于嬰齊而夕于側也。不知其他。」公語范文子，文子曰：「楚囚，君子也。言稱先職，不背本也；樂操土風，不忘舊也；稱大子，抑無私也；名其二卿，尊君也。不背本，仁也；不忘舊，信也；無私，忠也；尊君，敏也。仁以接事，信以守之，忠以成之，敏以行之，事雖大，必濟。君盍歸之，使合晉、楚之成？」公從之，重為之禮，使歸求成。

（《春秋左傳正義》，成公九年傳，847頁）

11 鄭子產 忠心善喻得國政

　　魯襄公三十年（前 543 年），鄭國主政貴族領袖子皮退休，授政給賢能的子產。子產要勵精圖治，整頓國政，一開始便遭到許多特權享受慣了、散漫慣了的人的怨恨、反對。有人作歌罵他：

　　「計算我的衣冠，納稅納稅；
　　量度我的田產，收稅收稅；
　　誰敢把子產這家夥殺了，
　　我跟你共謀一醉！」

　　三年之後，成績都出來了。同一批人，就又改口唱道：

　　「我有子弟，子產教好他；
　　我有田地，子產理好它；

子產如果有什麼三長兩短，

我們都捨不得他！」

*　　*　　*

　　鄭國有個鄉校，是舉行講學、集會、射箭等公眾
文化娛樂活動的地方，相當於現代大城市以至鄉鎮的大
會堂兼運動場館吧。當時鄭國人民常常跑到那裏，七嘴
八舌，說三道四，評論時政。有些高官心煩眼熱，就對
子產說：

「拆了那鄉校吧！是非太多，總會出亂子！」

　　子產說：

「何必呢？人們有這個地方發泄發泄，他們贊成
的，我就推行，他們討厭的，我就修正，這不是我們最
好的參考意見甚至顧問嗎？為什麼要拆掉它呢？
　　「我只聽過要盡心盡力改善自己，減少怨恨，沒聽

過用強力壓制可以消滅怨恨。壓制不是沒有眼前的、即時的效果，不過，就像壅塞河川，不讓它奔流，一旦水力積聚到爆發點，崩潰了，死傷的人就會極多極多，那時就無可挽救了！所以不如逐步逐步疏導吧。就讓我把他們的話，當作藥石好了。」

孔子這時十一歲，長大後提起這件事，還說：「由此看來，有人說子產不仁德，我怎麼能相信呢！」

* * *

有一次，子皮想任命寵愛的家臣尹何做自己封邑的主管，子產表示疑慮：

「他年紀太輕吧？不知道可不可以。」

子皮說：

「尹何這個小夥子很聽話，老老實實的，很討人喜歡。他肯定不會背叛我。年輕、不懂辦事不要緊，學習

學習，就可以了。」

「不可以吧？人們喜歡一個人，總會謀求對這個人有利的事情。現在您喜歡一個人，卻把政事交給他——等於他還未學會用刀子，就叫他去宰割東西，恐怕被割傷、割壞的可能性就太大了！這樣，愛人等於害人，誰還敢希望得到您的愛護呢？」

——用的是很好的比喻，不過子產還是擔心太率直了，於是又用了一個比喻，來委婉地「交」一下「心」：

「對於鄭國，您是棟樑。棟樑有什麼不妥，我們全都會被壓死，怎敢不有話就說呢？」

——休戚相關，所以實話實說。又拿一個比喻說：

「譬如說，您有一幅美好的錦繡，是不會給人亂剪亂裁，拿來學習製衣的吧？大官大邑，是我們身家性命的蔭庇，不是要比錦繡貴重千萬倍嗎？怎可以反而給人

110

去用來學習呢？」

比喻之後，子產又用簡單直截的話，點明主旨：

「我聽說過學習好了才進入政壇的，沒聽過用實際政治來做試驗品的。如果一定要蠻幹，就必定會把許多人害慘，把許多事都搞砸！」

又一個比喻：

「就譬如打獵吧：學好了射箭，熟習了駕馭，才能獲得獵物。如果從來沒有駕過車，射過箭，那恐怕就會弓丟馬翻、車毀人亡，還說什麼收穫呢！」

子皮聽了，大為感動，虛心承認自己看得太近、太淺。他也不文過飾非，還說從此不只鄭國國政，連自己的「家政」──家族內部的管理之事──都委託子產了。子產仍然謙虛誠懇地說：

「您太客氣了。人的想法各不相同，就像人的面孔千差萬別一樣。我怎敢説您的面孔和我的是一樣呢？只不過心裏覺得危險，就坦白告訴您罷了。」

* * *

子產當政不久，魯襄公去世，子產隨同鄭簡公到晉國訪問。晉平公因為同姓盟國魯的國喪，沒抽出時間立即接見——當然，晉強鄭弱，晉大鄭小，所以面子也不必給足。當然這是不必説出來的。

等了好幾天，還是沒有約見的消息。子產毅然叫人拆了賓館的圍牆，把車馬全部移進館裏。

果然，晉人不必約就來見他們了。

負責房地產管理的晉國大官士文伯，又驚又怒，責問子產説：

「敝國政治不夠理想，到處都是盜賊，為保障各國賓客，所以我們修好了房舍，建好了圍牆，加高了門戶，這些都是為賓客的安全着想。現在先生們突然把圍

牆拆了：當然，你們自己的安全，有自己的衛兵負責，可是其他賓客又怎麼辦呢？如果人人都把賓館的牆拆掉，我們怎樣安置各國賓客？敝國國君叫我來請問先生我們要怎麼辦。」

——振振有詞，氣勢洶洶。子產說：

「敝國地方小、力量弱，又夾在幾個大國之間，隨時都要有所奉獻，所以我們不敢安居，搜求了所有能夠交出來的財物，作為朝會的貢品。這次真不巧，碰上貴國人員忙碌，沒空接見我們君臣；而又聽不到貴國吩咐，不知到什麼時候才會見面。我們帶來的貢品，不敢貿然奉上，更不敢暴露在外面，受風吹雨淋——這些禮品，是貴國府庫未來的財物啊！沒有經過正式的交接禮儀，我們怎敢獻上？如果日曬雨淋損壞了品質，我們的罪責不是更重嗎？」

——說得極委婉、極合情理。換言之，拆圍牆，是不得已之舉，主人遲遲不見，就不知是何緣故了。客

人繼續說：

「聽說晉文公做霸主的時候，自己的宮室簡陋矮小，沒有什麼亭臺樓閣，而款待外賓的房舍，卻高大華麗，舒適寬敞，就像貴國現在國君的寢宮一般。那時，連賓館的車房、馬路都建築得很好；貴國的有關官員，還按時平整道路，粉刷房舍，維修各種設施。每逢諸侯使者到來，負責照明的人就會點起火把，僕役一早就往來清潔、打掃、巡察；車馬有專門停放的地方，隨從的日常工作立即有人代勞，好讓他們也休息休息。車輛有布遮蓋，車轄有人加工防鏽、添油潤滑。馬匹有人餵養，廚廁有人打掃，應用的物品色色俱全，都放在就手的地方。客人一到，文公就盡快接見，不耽誤彼此的光陰。賓客有什麼事情，擔憂的、歡樂的，主人都會體貼安排。不如意的事有主人慰問；不明白的事有主人相告；不夠的地方，放心向主人求助。所以，賓客來到晉國，就像回到家裏一樣安適，哪裏有什麼災害要擔心呢？不擔心寇匪盜賊，也不擔心燥濕寒暑！」

——真美好啊，黃金般的、古老的日子！晉國要繼續做諸侯的老大哥嗎？要重振文公時代的無比威望嗎？別的、難的就不說了，熱情周到的招待，起碼是應該做到的吧？

面對先前的責問者此刻不自覺的、慚愧的神情，子產繼續說：

「如今，大家都看到了，貴國主公銅鞮山的離宮，綿延了好幾里；而賓館簡陋得像奴僕的宿舍，門口又低又窄，又有圍牆，車馬進不來，又過不去，卡在那裏，不知如何是好。打劫的，偷竊的，光天化日，隨處都是。天災、傳染病防不勝防，在這裏實在好苦！

「苦的日子又不知何時方了，因為貴國國君接見的命令什麼時候頒佈，賓客進謁的先後怎樣安排，我們全不知曉。如果還不設法把車馬貢品都弄進來，我們的罪責就更重。如果不拆牆，那反過來請問一句：我們該怎麼辦？

「當然，我們明白，貴國主公是同姓情深，哀悼魯國，現在沒心情、沒時間接見；不過，我們鄭國也是姬

姓、也有同感呀！如果能讓我們先行進獻聘問的禮物，然後把牆修好再走，這便是貴國主公的恩惠，我們只有深深的感激，又怎麼會怕麻煩呢？」

慚愧的晉侯立即隆重接見鄭伯，並且修築、美化了接待諸侯賓客的賓館。

　　從政一年，輿人誦之曰：「取我衣冠而褚之，取我田疇而伍之。孰殺子產，吾其與之。」及三年，又誦之曰：「我有子弟，子產誨之。我有田疇，子產殖之。子產而死，誰其嗣之？」

（《春秋左傳正義》，襄公三十年傳，1291頁）

　　鄭人游于鄉校，以論執政。然明謂子產曰：「毀鄉校，何如？」子產曰：「何為？夫人朝夕退而游焉，以議執政之善否。其所善者，吾則行之；其所惡者，吾則改之。是吾師也，若之何毀之？我聞忠善以損怨，不聞作威以防怨。豈不遽止？然猶防川，大決所犯，傷人必多，吾不克救也。不如小決使道，不如吾聞而藥之也。」然明曰：「蔑也今而後知吾子之信可事也。小人實不才。若果行此，其鄭國實賴之，豈唯二三臣？」仲尼聞是語也，曰：「以是觀之，人謂子產不仁，吾不信也。」

子皮欲使尹何為邑。子產曰：「少，未知可否。」子皮曰：「愿，吾愛之，不吾叛也。使夫往而學焉，夫亦愈知治矣。」子產曰：「不可。人之愛人，求利之也。今吾子愛人則以政，猶未能操刀而使割也，其傷實多。子之愛人，傷之而已，其誰敢求愛於子？子於鄭國，棟也。棟折榱崩，僑將厭焉。敢不盡言？子有美錦，不使人學製焉。大官大邑，身之所庇也，而使學者製焉。其為美錦，不亦多乎？僑聞學而後入政，未聞以政學者也。若果行此，必有所害。譬如田獵，射御貫，則能獲禽。若未嘗登車射御，則敗績厭覆是懼，何暇思獲？」子皮曰：「善哉！虎不敏。吾聞君子務知大者遠者，小人務知小者近者。我，小人也。衣服附在吾身，我知而慎之；大官大邑，所以庇身也，我遠而慢之。微子之言，吾不知也。他日我曰：『子為鄭國，我為吾家，以庇焉，其可也。』今而後知不足。自今請雖吾家，聽子而行。」子產曰：「人心之不同，如其面焉。吾豈敢謂子面如吾面乎？抑心所謂危，亦以告也。」子皮以為忠，故委政焉，

子產是以能為鄭國。

（《春秋左傳正義》‧襄公三十年傳‧1301 頁）

　　癸酉，葬襄公。公薨之月，子產相鄭伯以如晉，晉侯以我喪故，未之見也。子產使盡壞其館之垣，而納車馬焉。士文伯讓之，曰：「敝邑以政刑之不脩，寇盜充斥，無若諸侯之屬辱在寡君者何？是以令吏人完客所館，高其閈閎，厚其牆垣，以無憂客使。今吾子壞之，雖從者能戒，其若異客何？以敝邑之為盟主，繕完葺牆，以待賓客。若皆毀之，其何以共命？寡君使匄請命。」對曰：「以敝邑褊小，介於大國，誅求無時，是以不敢寧居，悉索敝賦，以來會時事。逢執事之不間，而未得見，又不獲聞命，未知見時，不敢輸幣，亦不敢暴露。其輸之，則君之府實也。非薦陳之，不敢輸也。其暴露之，則恐燥濕之不時而朽蠹，以重敝邑之罪。僑聞文公之為盟主也，宮室卑庳，無觀臺榭，以崇大諸侯之

館。館如公寢，庫廐繕脩，司空以時平易道路，圬人以時塓館宮室。諸侯賓至，甸設庭燎，僕人巡宮。車馬有所，賓從有代，巾車脂轄，隸人牧圉，各瞻其事。百官之屬，各展其物。公不留賓，而亦無廢事。憂樂同之，事則巡之。教其不知，而恤其不足。賓至如歸，無寧菑患？不畏寇盜，而亦不患燥濕。今銅鞮之宮數里，而諸侯舍於隸人。門不容車，而不可踰越。盜賊公行，而夭屬不戒。賓見無時，命不可知。若又勿壞，是無所藏幣以重罪也。敢請執事，將何以命之？雖君之有魯喪，亦敝邑之憂也。若獲薦幣，脩垣而行，君之惠也。敢憚勤勞！」

（《春秋左傳正義》，襄公三十年傳，1295 頁）

12 鄭子羽　義正詞溫破禍心

　　魯昭公元年（前 541 年），楚國的公子圍聘問鄭國，同時要在此娶妻——或者，更順手滅了鄭國，擴張楚國的勢力，增加自己的政治籌碼。

　　早已知道這個人的名聲不好，現在又氣燄逼人，鄭國上下都十分討厭他。如果讓他進入賓館，恐怕會引起公憤，局面難以控制。鄭國外交禮賓代表子羽，費了一番唇舌，讓他們暫時住在外邊。

　　到聘問典禮行過後，公子圍就要帶龐大的迎親隊伍進城，實際上是來佔領了。鄭國執政者子產當然看出楚人不懷好意，就派子羽推辭說：

　　「很抱歉，敝邑實在地方狹小，容納不了你的隨從。請讓我們在城外整治一處平地，設置壇臺，再聽候你的安排，舉行典禮，怎樣？」

公子圍大為不滿，派太宰伯州犁對鄭人說：

「蒙貴國國君厚賜敝國大夫圍，對他說：『讓豐氏公孫段的女兒給你主持家務吧。』大夫圍就設置了禮几、筵席，在我們莊王、共王的宗廟恭敬祭告後，才專誠來到這裏。如果竟要在野外成婚，那不就是把貴國國君的厚賜丟棄在草野嗎？大夫圍從此就再沒有面子與眾卿為伍了！不單如此，他還因此等於欺騙了敝國的先君，哪還有資格做敝國的大臣，哪還有臉回去呢？要怎麼辦，請大夫考慮考慮吧！」

——話說得委婉極了。厚棉花裏面藏的是根硬刺。婚姻，是你們君主提議的，我們這邊已經極隆重、極盡禮，名正言順，師出有名，看你怎敢侮辱我們的公子圍、怎樣抗拒我們的大軍壓境以至入境！

不得不「打開天窗說亮話」了。

「大夫請聽我們說：國家小，不是罪過；自己弱小而誤信大國可靠，不加防備，自取滅亡，那就是罪過

了。小國靠着婚姻等關係，依靠大國，希望大國念情，庇護自己，怎知大國卻包藏禍心——在好禮貌、好言語裏面藏了為禍人家的歹心——要暗算小國。小國亡了，其他諸侯也就警惕起來，沒有不鄙視大國的。人們從此不信任、不服從那個大國了，那不是很糟糕嗎？我們當然都不想這樣吧？如果實情不是如此，那麼，我們就等於是貴國賓館的館員，又怎敢愛惜豐氏的祖廟，不讓貴國人員進來舉行大禮呢？」

這一方已經洞燭對方之奸，只是話說到「包藏禍心」為止。八十九年前，燭之武的一番話，勸止了秦穆公侵鄭，妙處就在句句聽來都為對方着想。八十九年後，子羽用類似的一番話，叫志在吞併、圖霸的楚人，權衡輕重，及時——至少「暫時」——收手。

最後的協議是同時顧及了雙方面子的。楚軍——不，「迎娶隊伍」——畢竟還是名正言順地進入了鄭國都城，不過，武器袋都倒垂着，表示裏面沒有兇器，沒有禍心，這使鄭國獲得了尊重，感到安慰。

元年，春，楚公子圍聘于鄭，且娶於公孫段氏，伍舉為介。將入館，鄭人惡之，使行人子羽與之言，乃館於外。既聘，將以眾逆。子產患之，使子羽辭曰：「以敝邑褊小，不足以容從者，請墠聽命！」令尹命大宰伯州犁對曰：「君辱貺寡大夫圍，謂圍：『將使豐氏撫有而室。』圍布几筵，告於莊、共之廟而來。若野賜之，是委君貺於草莽也，是寡大夫不得列於諸卿也。不寧唯是，又使圍蒙其先君，將不得為寡君老，其蔑以復矣。唯大夫圖之。」子羽曰：「小國無罪，恃實其罪。將恃大國之安靖己，而無乃包藏禍心以圖之？小國失恃，而懲諸侯，使莫不憾者，距違君命，而有所壅塞不行是懼。不然，敝邑館人之屬也，其敢愛豐氏之祧？」伍舉知其有備也，請垂櫜而入。許之。

（《春秋左傳正義》，昭公元年傳，1310 頁）

13

吳王弟　臨刑無懼説凶吉

春秋時代，周室衰而未微，大家還講究禮節，即使兵戎相見，事前還是會揖讓一番，施展一些外交辭令，表示文化教養。兩國相爭，不斬來使，早已成為文明的規矩。到了戰國，周只居處於洛邑一城，紛紛稱王的各國，不只瞧周室不起，簡直忘記了周的存在。

周所代表的禮文教化就也差不多被人忘記了。大家要打就打，也不必找什麼冠冕堂皇的理由來號稱是征伐有罪，就連外交代表、非武裝人員，有時都被亂殺一通。

《左傳‧昭公五年》和《韓非子‧說林下》都記載了同一個故事：

春秋末期，長江下游的吳國興起，與強大的西鄰楚國常起衝突。魯昭公五年（前 537 年），楚靈王大軍伐吳，吳王派弟弟蹶由依規矩犒勞楚軍，意思是暫時不當對方是入侵者，而只當是不速之客，自己仍然依禮款

待，問問對方的意願和動向，必要時作決裂動武前的最後談判，萬不得已，再約定日期，正式開打。

一向被中原各國視為蠻夷的楚國，這次真不耐煩這婆婆媽媽的一套了，一見到吳國使者，便把他抓了起來──

「原來是吳王的弟弟，地位這麼高，正好殺了他，拿血來塗我們的戰鼓！」

楚王還派人向蹶由作「死前一問」呢！

「哈哈！想不到吧？你們這次來，事先一定問過卜吧？」

「是的。」

「吉嗎？」

「吉。」

「哈哈哈！你看，連你們的龜卜都不靈光了！吉，為什麼你要人頭落地？為什麼你的血要給我們塗鼓？等一會兒，我們擊鼓進兵，殺你們個落花流水！」

好一個蹶由！不愧是國君的弟弟、國家的領導人物。寫歷史的人，記述人家臨危不亂容易；做戲的人，扮演臨死不屈也容易；而真正危在旦夕時，卻很少有人能夠做到仍然從容、仍然機智。

從容機智的蹶由，鎮定地說：

「或者請聽我解釋。我們聽說貴國要在敝國用兵，便以守國之龜來卜問。卜辭說：『要到對方勞軍，看看楚王的態度，就可以有所準備了。』——對了，如果貴國禮待使臣，我們就會放鬆戒備，國家就會滅亡。現在貴國國君大發雷霆，要殘酷處置我們，這樣，吳國便知道要有所準備了。我國雖然力量單薄，但有了充分的準備，還是可以令貴國知難而退的。這不是上上大吉嗎？」

——真有點兒道理，為什麼我們先前想不到？

「況且，我們要卜的，是國家社稷的安危，不是使者一人的生死。使者被殺，於是全國戒備，國家得以保全，這不是龜卜的最大功用嗎？老實說，一吉一凶，誰

能把它確定在某件事上面？就拿貴國的事為例吧，當年貴國與晉軍大戰城濮，事前卜的結果不是吉嗎？怎知結果大敗，然後貴國復仇志切，到邲城再戰，於是大勝。那麼，貴國的卜是不應驗呢？還是應驗呢？同樣的道理，我們大吉的龜卜，也不必就在此行應驗吧？」

——是啊，殺了他，不是增加他們的鬥志嗎？即使這次贏了，難保將來不會栽在他們手上呢！楚人的神色愈來愈不安了。蹶由又補充了一句：

「對了。一個人死了會怎樣，誰都不知道。如果死了便沒有作為，那麼，塗我的血在你們鼓上，一點兒作用也沒有；反之，如果死了還有靈有性，我一定陰魂不散，在真正打仗的時候，弄得你們的戰鼓響不起來！」

——響不起來，就不大吉利了。還是放了他吧。

　　楚子以駟至於羅汭。吳子使其弟蹶由犒師，楚人執之，將以釁鼓。王使問焉，曰：「女卜來吉乎？」對曰：「吉。寡君聞君將治兵於敝邑，卜之以守龜，曰：『余亟使人犒師，請行以觀王怒之疾徐，而為之備，尚克知之。』龜兆告吉，曰：『克可知也。』君若驩焉，好逆使臣，滋敝邑休殆，而忘其死，亡無日矣。今君奮焉，震電馮怒，虐執使臣，將以釁鼓，則吳知所備矣。敝邑雖羸，若早修完，其可以息師。難易有備，可謂吉矣。且吳社稷是卜，豈為一人？使臣獲釁軍鼓，而敝邑知備，以禦不虞，其為吉孰大焉？國之守龜，其何事不卜？一臧一否，其誰能常之？城濮之兆，其報在邲。今此行也，其庸有報志？」乃弗殺。

　　　　　　　　　　（《春秋左傳正義》，昭公五年傳，1408 頁）

14 晏平仲　人矮才高服列國

　　山東人一般比較高大，男的玉樹臨風，女的亭亭玉立，偏偏晏嬰卻很矮。從小就飽受欺侮、嘲笑；到求偶時期，易遭白眼，更不在話下。好在人的品格、才學都與體型無關。晏嬰各方面的成就都不只高人一等。他是出了名的口才敏捷而得體，辦事快速而有效，足智多謀，而且崇禮守法。奮鬥多年之後，晏嬰當上了齊國的首相。晏子德高望重，權大位崇，人人在自己心裏仰望，在他面前俯首。

＊　　＊　　＊

　　每天必須在晏子面前俯首的、他的那位高大的車夫，卻在所有其他車夫，以至幾乎所有人面前昂首。「我的主人晏國相⋯⋯」「我們晏國相⋯⋯」「晏國相吩咐我說⋯⋯」什麼什麼的，已經成了他最容易脫口而出的話、最喜歡發出的聲音。終於，連當初對他「仰

望而終身」的妻子也忍不住，要提出離婚了。

「為什麼？我又沒有虧欠家用，又沒有……」

「沒有什麼。只是覺得你沒意思罷了。」

「什麼『沒意思』？晏國相説——」

「請你不要再説什麼晏國相晏國相了！人家晏國相——你的晏國相——人長得不高，官做得最大，名氣高得不得了，可是他仍然謙謙虛虛的，一舉一動都極有分寸。

「看你呀！不過做人車夫罷了，趾高氣揚，不可一世，好像自己就是國相一般。做你妻子，被人指指點點，實在沒有意思。」

車夫的妻子最後有沒有離開，《史記》沒有記載。不過，那車夫從此變得謙謹好學，修養大進，連晏子也覺得奇怪，知道原因之後，就舉薦他當上了官員。《列女傳》還説，連他的妻子也被封為命婦了呢！

*　　*　　*

做國君真好，不過也真苦。整天衣冠齊整，莊重嚴肅，禮儀周周的，風度好好的，實在疲倦。齊景公有一次酒喝多了，什麼都熱起來，於是除了帽子，鬆了衣服，自己擊打樂器，唱起歌來，說：「仁人君子，也享受這個吧？」左右立即響應說：「當然當然，仁人君子，也是人的兒子啊！他的眼睛、耳朵，難道是特殊構造嗎？」景公一高興，就讓人趕快用車接晏子來宮。晏子穿了整齊的官服來見國君，景公一見就笑着說：

「罷了！罷了！今天不是談公事。我覺得這些玩意兒很好玩，所以叫你來參加，暫時把『禮』字放在一邊吧！」

「國君這話，微臣恐怕不敢同意。拋開了禮，國君、我們，以至所有人，誰還可以有碗平安飯吃呢？齊國任何一個童子，都可以把我打垮，甚至把國君也打敗呢！他們不會，也不敢妄動，就因為禮法的觀念令他們忌憚罷了。這就是人可貴的地方啊！」

「你講得對。我這做國君的，真不像樣。也都因為身邊的人迎合我，幫助我放縱，不如把他們都殺掉吧！」

「大王，他們的責任本來就是服侍你，他們有什麼罪呢？君主守禮，左右便都好禮；君主放蕩，左右便都放蕩。」

景公說：

「好，讓我穿好衣服，戴回帽子吧。」

於是君臣互相敬酒三回之後，晏子就請辭，急急退席了。

——為什麼酒過三回，完成了賓主之禮，晏子就急急辭別呢？因為：景公既已虛懷納諫，尊重禮法，把輔佐政務的大臣和服侍私生活的近狎小人分開，那就「點到即止」，快些讓也是凡人的國君恢復鬆弛吧。孔子稱讚晏嬰「善與人交，久而敬之」（《論語·公冶長》），就是因為他待人接物，分寸拿捏得極好啊。

*　　*　　*

《左傳》記載：昭公二十六年（前 516 年），齊國

出現彗星——世俗所謂的「掃帚星」。景公要祈禱消災。晏嬰說：

「這樣沒有好處，只會增添迷信、招來欺騙罷了。天道是有自己的常規的，祭禱也沒有用。上天之有掃帚星，是用來除減污穢的，國君如果行為清潔，又何必祭禱呢？如果有污穢，祭禱又有什麼用處呢？」

* * *

景公有匹好馬，不知怎的被馴馬師殺了。景公大怒，拿起戈戟要親自把他處死。晏子說：

「別讓他死得不明不白，等微臣聲討他的罪過。」

得到景公允准，晏子就拿起戈戟，對準那馴馬師的胸口，大聲指責他說：

「你替我們國君養馬，又殺了那匹馬，這是死罪！

你令我們國君因為馬死而殺人，這又是死罪！你令我們國君因馬死而殺人的事，被各國知道，這更是死罪……」

「算了！算了！」

景公慚愧地說：

「先生放了他吧，不要損害我的仁德。」

* * *

《韓詩外傳》卷八記載：齊國有人得罪了景公，被縛在殿下，等待肢解。誰要諫阻，也是死罪。

好個晏嬰！只見他左手抓着犯人的頭，右手拿着鋒利的刀，仰起頭，問景公：

「古代的聖主明王，肢解犯人，不知道從哪個部位開始？」

景公這個生而為君的超級公子哥兒，雖然衝動蠻橫，良知還是有的，一被平素敬重的晏子點醒便離開坐席，說：

「放了他吧。有罪過的是我。」

　　　　　*　　*　　*

　　景公打獵，上山見到老虎，下水又碰到大蛇。回來對國相訴苦：

「今天碰到的，都不大吉利。」

　　晏嬰說：

「這不算。國家有三樣東西大不吉利：第一是有人才而不知道，第二是知道而不能用，第三是用而不加重視。這是真的不吉利。至於老虎，它本來就住在山林裏，大蛇，它本來就居於水澤的洞穴，這是它們的家

嘛,碰到它們,有什麼不吉利的呢?」

*　*　*

　　晏子長得矮小,房子也絕不高大;甚至可以說是
又窄又小。地勢又低,還在街市旁邊,濕濕髒髒的,塵
埃多,噪音多,與國相的地位真是不配。景公說:

　　「你換一所高大一點、乾爽一點的府第吧!」

　　晏嬰說:

　　「下臣的父祖——就是國君的先臣——住在這裏,
下臣不足以繼承祖業,對我來說,這房子已經太好了。
而且,住近街市,什麼都方便,買東西啦,辦些瑣碎事
情啦,等等,省時省力得很啊。」

　　景公笑道:

「你住近街市，知道物價嗎？」

「知道。」

「什麼東西貴？什麼東西賤？」

「假腳貴，鞋子賤。」

原來景公殘忍，濫施刑罰，許多人被砍了腳，要裝上假腳，所以就不必穿鞋了，供求關係影響了物價。景公一聽，便有點兒愧悔，從此刑罰就輕了許多。

不久，晏子出使晉國，景公趁他不在，替他在原地改建了房屋，擴大了幾倍——大抵遷徙了不少鄰居吧。

晏子回來一看，傻了眼，依禮拜謝。接收之後，就又把它拆下來，依照舊時各個鄰居的樣子，重新建造，並且請原來的居住者回來，因為諺語早就說過：「不是要占卜住宅，是要占卜鄰居。」又說：「好房屋千金買得起，好鄰居萬金買不到。」景公拿晏子沒辦法，而且又有一個貴族領袖陳桓子說情，也就由他去了。

＊　　＊　　＊

晏嬰十分節儉，除了居處簡陋之外，一襲狐裘穿了三十多年，上朝的衣冠都是用過又洗，洗過又用，車子破舊，馬匹駑劣，齊景公早就看不過眼，說：

「先生的俸祿不夠吧？車馬太不像樣了！」

晏子答道：

「承蒙國君的恩賜，微臣整個家族都豐衣足食，自己也有車有馬，不必步行，已經心滿意足了。」

晏子一離開，景公就把一副和自己差不多同級的車馬送給晏子。晏子退回了三次。景公不高興了，召見晏子說：

「先生不接受，寡人自己也不坐了！」

晏子說：

「國君任命我為政府人員的首長，衣服飲食有一定標準，以領導齊國的老百姓。如果我的車馬和國君的差不多，那就是僭越了體制，從此也沒辦法禁止人家不守禮了。」

*　　*　　*

有一次，齊景公與一班大臣飲酒，陳桓子看了看晏嬰，笑着對景公說：

「請罰晏子飲酒。」

「為什麼？」

「晏子身為國相，一人之下，萬人之上，但他不穿絲帛而穿黑布衣，不披狐裘而披廉價的鹿裘，車子又單薄破舊，馬匹又老弱駑劣，這樣上朝，是把國君的賞賜埋沒了。」

景公同意罰晏子，由陳桓子當面宣告他的「罪狀」。

晏子離開座位，問道：

「是飲了再辯白，還是辯白了，不中聽，再罰飲？」

「讓你先辯後飲吧。」

「謝主上。主上賜我顯榮的職位，我之所以接受，不敢為了個人的顯榮，而是為了可以好好執行國君的政令；主上賜我豐厚的俸祿，我之所以接受，不敢為了自家的富裕，而是為了可以把國君的恩惠普遍地和族人分享。微臣聽說，古代的賢臣如果受了國君的厚賜而不顧家族，就是有了偏差；如果擔當政務而辦事不力，就是有了過錯。所以，如果國君宮中、府中的任何下屬，以至微臣家中的任何成員，安置得不好，如果國家的任何軍事設備，夠不上水準，那都是微臣的過失。至於上朝的車馬破舊，這不是微臣的罪過啊。況且，因為主公的恩賜，微臣的父系親屬沒有不乘車的，母系親屬沒有不豐衣足食的，妻子外家的人沒有飢寒的，替微臣做事、靠微臣開飯的有好幾百家，這樣，是微臣隱藏了國君的賞賜呢，還是顯榮了？」

「講得好！講得妙！」

景公大為讚賞，說：

「應該罰飲酒的，是陳桓子。」

*　*　*

　　原來古人也喜歡「碰碰車」這個玩意兒。晏子時代齊國都城臨淄，非常繁華，行人往來，摩肩接踵，車輪中心突出外面的轂，也常常碰在一起。許多人——大多是青少年吧——甚至故意碰撞，來獲得刺激與樂趣。

　　雖然那時車速不高，但危險性總是有的，而且街道上也不免喧鬧和混亂得一塌糊塗。朝廷屢屢下令禁止，一點兒效果也沒有。這就像現代許多大都市青少年非法的黑夜飆車吧。

　　有一天，人們訝異地看到一向節儉守禮的晏子，竟然換了華麗的新車、壯碩的好馬，在街上招搖過市。國相的車好像在四處向其他車輛「挑釁」，要和人家玩玩碰碰呢！國相的車，大家當然要小心避開，可惜避不勝避，一輛不知是倒霉的還是大膽的，給碰上了！

　　那輛車子的主人正想逃跑，以避免罪責，沒想到晏子和車夫離開得更快，早就不見了。

原來不是不見了，是在那裏向天祈禱、謝罪呢！

「大不吉利！大不吉利！碰了車子。碰了車子，是不是我祭祀不虔誠呢？是不是我生活不檢點呢？神明啊！原諒我！老天爺啊！放過我！」

從此，就沒人敢再搞碰碰車這玩意兒了。

＊　＊　＊

晏子的智慧與德行，遠近馳名，連外國君主也虛心向他請教。

魯哀公請教來訪的晏嬰：

「古語說：『沒有請教過三個人，辦事就一定糊塗。』現在魯國的事，寡人和整個國家都在想辦法，但還是很亂，為什麼呢？」

晏子答道：

「古語所謂三個人，是真的三個人，三種意見。一個人的想法，錯的可能性比較大。一人計短，二人計長；三種想法加起來，也算是群眾意見的縮影了。尊重少數而取決於多數，錯誤的可能性總會比較少些。現在魯國群臣，成百上千，都附和當權的頭頭季孫氏一個人的意見。人數是不少，意見只有一個，怎算得是三個人呢？」

*　　*　　*

晏子在國內國外，都廣受敬重；當然，也有些人，妒忌之心太盛，野蠻之習未除，還要故意試試晏子。

春秋戰國之間忽然強大起來的吳國，就是一個例子。

晏子出使吳國，志驕意滿的夫差對外交禮賓人員說：

「我要考考他。接見他的時候，要高聲宣佈：『天子

請見。』看這禮儀最熟、口才最好的家夥怎麼辦。」

怎麼辦？

這時大家已經連周天子都不放在眼裏了。吳楚爭先恐後稱「王」，不過，自稱「天子」還是太過。應他，一定騰笑國際。

不應他，也是失禮，到底是主人的召喚嘛。客人怎能不應？

怎麼辦？

一聽到「天子請見」，晏子露出驚慚不安的表情。

再聽到，晏子又作出這種樣子。

第三次，晏子就再次作出不安的姿態。他不好意思地道歉：

「對不起。我真糊塗，竟跑錯地方了。我是要拜見吳王的，竟然來到大周的朝廷了。請問，吳王在哪裏？」

吳王在那裏暗自愧悔，只好命人改口宣佈：「夫差請來賓入見。」並且用了諸侯之禮。

＊　　＊　　＊

　　晏子到了楚國，楚國在城門旁邊開了一道矮小的門，目的就是要「矮化」這位本來就很矮的齊國代表。

　　進去吧，辱沒了自己，更辱沒了國家。

　　不進去吧，見不到主人，辱沒了使命。

　　翻臉發怒吧，會把事情鬧僵，更可能使兩國關係惡化。

　　怎麼辦？

　　「啊，恐怕我們是弄錯地方了。這是狗的洞穴，不是人的門口。我們現在是出使楚國，楚國當然不是狗的國，是人的國。人的國自然有人的門口。在哪裏呢？請你們帶帶路。」

　　還算是人的楚國官員，只好帶客人進了人的門口，循着人的途徑，見到那位人上之人──楚的君主。

　　那個人上之人，故意兩眼發直，向前望着，口裏嚷着：

「人呢？人在哪裏？齊國沒有人嗎？」

「有。為什麼沒有？」

晏子不慌不忙，向上一揖，說：

「齊國都城臨淄，有三百多條大街，街上的人一張開衣袖，白天都會變得陰暗；大家一揮汗，晴天都會變成雨天。肩頭挨着肩頭，腳跟碰着腳跟，到處都是人啊，怎麼說沒人呢？」

「有人，為什麼派你這個人呢？」

「大王問得好。」

晏嬰仍然平靜地回答：

「就因為我們齊國人才太多了，所以根據不同的國家，派遣不同的使者。高大英俊的人，被派去見高明偉大的國君；不像樣的諸侯，我們就派不像樣的人去。所以，像我這樣的人，派來貴國，不是很合適嗎？」

＊　　＊　　＊

那時晏子可能還未當上國相吧，總之，楚王就正式舉行國宴，款待晏子。

酒喝得差不多了，忽然有兩個侍衞帶上一個捆縛着的人，奏請楚王發落。

「什麼人？什麼事？」

「稟告王上，他是齊國人，偷東西。」

「唉！」楚王轉過頭來，同情地、惋惜地、含蓄而輕視地說：

「齊國人這樣喜歡偷東西嗎？」

能不能拍案而起，拂袖而去呢？

能不能反唇相譏，說齊國也逮了不少楚國偷渡而來的盜匪呢？

能不能證實對方誣衊，實是一宗冤假錯案呢？

總不能面紅耳熱不知所對吧！

面不改色的晏子，站起身來，離開席位，莊重地向主人一揖，清清楚楚地回答說：

「報告大王：橘樹生在淮河南邊，果子是甜甜的；到了北邊，就變成又酸又澀的枳了。枝葉看來一樣，味道大有不同，這是水土的關係啊。

「這個人在齊國好好的，到了貴國就變成盜賊，是不是貴國的水土有點兒問題呢？」

楚王望一望身邊的人，看着他們惶惑的神色，說：

「面對絕頂聰明的人，要開他的玩笑，那是自作自受啊。」

　　晏子為齊相，出，其御之妻從門閒而闚，其夫為相御，擁大蓋，策駟馬，意氣揚揚，甚自得也。既而歸，其妻請去。夫問其故，妻曰：「晏子長不滿六尺，相齊國，名顯諸侯。今者妾觀其出，志念深矣，常有以自下者。今子長八尺，迺為人僕御；然子之意，自以為足，妾是以求去也。」其後，夫自抑損。晏子怪而問之，御以實對，晏子薦以為大夫。

（吳則虞撰：《晏子春秋集釋》，359 頁，北京：中華書局，1982 年。後《晏子春秋》引文皆用此版本。）

　　景公飲酒數日而樂，釋衣冠，自鼓缶，謂左右曰：「仁人亦樂是夫？」梁丘據對曰：「仁人之耳目，亦猶人也，夫奚為獨不樂此也？」公曰：「趣駕迎晏子。」晏子朝服以至，受觴再拜。公曰：「寡人甚樂此樂，欲與夫子共之，請去禮。」晏子對曰：「君之言過矣！群臣皆欲

去禮以事君，嬰恐君子之不欲也。今齊國五尺之童子，力皆過嬰，又能勝君，然而不敢亂者，畏禮也。上若無禮，無以使其下；下若無禮，無以事其上。夫麋鹿維無禮，故父子同麀，人之所以貴于禽獸者，以有禮也。嬰聞之，人君無禮，無以臨其邦；大夫無禮，官吏不恭；父子無禮，其家必凶；兄弟無禮，不能久同。詩曰：『人而無禮，胡不遄死。』故禮不可去也。」公曰：「寡人不敏無良，左右淫蠱寡人，以至于此，請殺之。」晏子曰：「左右何罪？君若無禮，則好禮者去，無禮者至；君若好禮，則有禮者至，無禮者去。」公曰：「善。請易衣革冠，更受命。」晏子避走，立乎門外。公令人糞灑改席，召衣冠以迎晏子。晏子入門，三讓，升階，用三獻焉；嗛酒嘗膳，再拜，告饜而出。公下拜，送之門，反，命撤酒去樂，曰：「吾以彰晏子之教也。」

（《晏子春秋集釋》，430 頁）

齊有彗星，齊侯使禳之。晏子曰：「無益也，祇取誣焉。天道不謟，不貳其命，若之何禳之？且天之有彗也，以除穢也。君無穢德，又何禳焉？若德之穢，禳之何損？詩曰：『惟此文王，小心翼翼。昭事上帝，聿懷多福。厥德不回，以受方國。』君無違德，方國將至，何患於彗？詩曰：『我無所監，夏后及商，用亂之故，民卒流亡。』若德回亂，民將流亡，祝史之為，無能補也。」公說，乃止。

（《春秋左傳正義》，昭公二十六年傳，1701頁）

景公使圉人養所愛馬，暴死，公怒，令人操刀解養馬者。是時晏子侍前，左右執刀而進，晏子止而問于公曰：「堯舜支解人，從何軀始？」公瞿然曰：「從寡人始。」遂不支解。公曰：「以屬獄。」晏子曰：「此不知其罪而死，臣為君數之，使知其罪，然後致之獄。」公曰：「可。」晏子數之曰：「爾罪有三：公使汝養馬而殺

之，當死罪一也；又殺公之所最善馬，當死罪二也；使公以一馬之故而殺人，百姓聞之必怨吾君，諸侯聞之必輕吾國，汝殺公馬，使怨積于百姓，兵弱于鄰國，汝當死罪三也。今以屬獄。」公喟然歎曰：「夫子釋之！夫子釋之！勿傷吾仁也。」

（《晏子春秋集釋》，90頁）

齊有得罪於景公者，景公大怒，縛置之殿下，召左右肢解之，敢諫者誅。晏子左手持頭，右手磨刀，仰而問曰：「古者明王聖主其肢解人，不審從何肢解始也？」景公離席曰：「縱之，罪在寡人。」

（賴炎元：《韓詩外傳今注今譯》，卷八，355頁，台北，商務印書館）

景公出獵，上山見虎，下澤見蛇。歸，召晏子而問之曰：「今日寡人出獵，上山則見虎，下澤則見蛇，殆所謂不祥也？」晏子對曰：「國有三不祥，是不與焉。夫

有賢而不知，一不祥；知而不用，二不祥；用而不任，三不祥也。所謂不祥，乃若此者。今上山見虎，虎之室也；下澤見蛇，蛇之穴也。如虎之室，如蛇之穴，而見之，曷為不祥也！」

（《晏子春秋集釋》，121 頁）

　　景公欲更晏子之宅，曰：「子之宅近市湫隘，囂塵不可以居，請更諸爽塏者。」晏子辭曰：「君之先臣容焉，臣不足以嗣之，于臣侈矣。且小人近市，朝夕得所求，小人之利也。敢煩里旅！」公笑曰：「子近市，識貴賤乎？」對曰：「既竊利之，敢不識乎！」公曰：「何貴何賤？」是時也，公繁于刑，有鬻踊者。故對曰：「踊貴而屨賤。」公愀然改容。公為是省于刑。君子曰：「仁人之言，其利博哉！晏子一言，而齊侯省刑。詩曰：『君子如祉，亂庶遄已。』其是之謂乎。」

（《晏子春秋集釋》，415 頁）

晏子使晉，景公更其宅，反則成矣。既拜，迺毀之，而為里室，皆如其舊，則使宅人反之。曰：「諺曰：『非宅是卜，維鄰是卜。』二三子先卜鄰矣。違卜不祥。君子不犯非禮，小人不犯不祥，古之制也。吾敢違諸乎？」卒復其舊宅。公弗許。因陳桓子以請，迺許之。

（《晏子春秋集釋》，418頁）

晏子朝，乘弊車，駕駑馬。景公見之曰：「嘻！夫子之祿寡耶？何乘不任之甚也？」晏子對曰：「賴君之賜，得以壽三族，及國遊士，皆得生焉。臣得煖衣飽食，弊車駑馬，以奉其身，于臣足矣。」晏子出，公使梁丘據遺之輅車乘馬，三返不受。公不說，趣召晏子。晏子至，公曰：「夫子不受，寡人亦不乘。」晏子對曰：「君使臣臨百官之吏，臣節其衣服飲食之養，以先國之民；然猶恐其侈靡而不顧其行也。今輅車乘馬，君乘之上，而臣亦乘之下，民之無義，侈其衣服飲食而不顧其

行者，臣無以禁之。」遂讓不受。

（《晏子春秋集釋》，421 頁）

　　景公飲酒，田桓子侍，望見晏子，而復于公曰：
「請浮晏子。」公曰：「何故也？」無宇對曰：「晏子衣
緇布之衣，麋鹿之裘，棧軫之車，而駕駑馬以朝，是隱
君之賜也。」公曰：「諾。」晏子坐，酌者奉觴進之，
曰：「君命浮子。」晏子曰：「何故也？」田桓子曰：「君
賜之卿位以尊其身，寵之百萬以富其家，群臣其爵莫尊
于子，祿莫重于子。今子衣緇布之衣，麋鹿之裘，棧軫
之車，而駕駑馬以朝，是則隱君之賜也。故浮子。」晏
子避席曰：「請飲而後辭乎，其辭而後飲乎？」公曰：
「辭然後飲。」晏子曰：「君之賜卿位以尊其身，嬰非敢
為顯受也，為行君令也；寵以百萬以富其家，嬰非敢為
富受也，為通君賜也。臣聞古之賢臣，有受厚賜而不顧
其國族，則過之；臨事守職，不勝其任，則過之。君之

內隸，臣之父兄，若有離散，在于野鄙，此臣之罪也。君之外隸，臣之所職，若有播亡，在于四方，此臣之罪也。兵革之不完，戰車之不修，此臣之罪也。若夫弊車駑馬以朝，意者非臣之罪乎？且臣以君之賜，父之黨無不乘車者，母之黨無不足于衣食者，妻之黨無凍餒者，國之閒士待臣而後舉火者數百家。如此者，為彰君賜乎，為隱君賜乎？」公曰：「善！為我浮無宇也。」

(《晏子春秋集釋》，397 頁)

齊人甚好轂擊，相犯以為樂。禁之不止。晏子患之，迺為新車良馬，出與人相犯也，曰：「轂擊者不祥，臣其祭祀不順，居處不敬乎？」下車而棄去之，然後國人乃不為。故曰：「禁之以制，而身不先行，民不能止。故化其心，莫若教也。」

(《晏子春秋集釋》，372 頁)

晏子聘于魯，魯昭公問焉：「吾聞之，莫三人而迷，今吾以魯一國迷慮之，不免于亂，何也？」晏子對曰：「君之所尊舉而富貴，入所以與圖身，出所與圖國，及左右偪邇，皆同于君之心者也。譖魯國化而為一心，曾無與二，其何暇有三？夫偪邇于君之側者，距本朝之勢，國之所以治也；左右讒諛，相與塞善，行之所以衰也；士者持祿，遊者養交，身之所以危也。詩曰：『芃芃棫樸，薪之槱之，濟濟辟王，左右趣之。』此言古者聖王明君之使以善也。故外知事之情，而內得心之誠，是以不迷也。」

（《晏子春秋集釋》，259 頁）

晏子使吳，吳王謂行人曰：「吾聞晏嬰，蓋北方辯于辭，習于禮者也。命擯者『客見則稱天子請見。』」明日，晏子有事，行人曰：「天子請見。」晏子蹵然。行人又曰：「天子請見。」晏子蹵然。又曰：「天子請見。」

晏子蹵然者三，曰：「臣受命弊邑之君，將使于吳王之所，以不敏而迷惑，入于天子之朝，問吳王惡乎存？」然後吳王曰：「夫差請見。」見之以諸侯之禮。

（《晏子春秋集釋》，388 頁）

晏子使楚，以晏子短，楚人為小門于大門之側而延晏子。晏子不入，曰：「使狗國者，從狗門入；今臣使楚，不當從此門入。」儐者更道從大門入，見楚王。王曰：「齊無人耶？」晏子對曰：「臨淄三百閭，張袂成陰，揮汗成雨，比肩繼踵而在，何為無人？」王曰：「然則子何為使乎？」晏子對曰：「齊命使，各有所主，其賢者使使賢王，不肖者使使不肖王。嬰最不肖，故直使楚矣。」

（《晏子春秋集釋》，389 頁）

晏子將至楚，楚聞之，謂左右曰：「晏嬰，齊之習

辭者也，今方來，吾欲辱之，何以也？」左右對曰：「為其來也，臣請縛一人，過王而行，王曰：『何為者也？』對曰：『齊人也。』王曰：『何坐？』曰：『坐盜。』」晏子至，楚王賜晏子酒，酒酣，吏二縛一人詣王，王曰：「縛者曷為者也？」對曰：「齊人也，坐盜。」王視晏子曰：「齊人固善盜乎？」晏子避席對曰：「嬰聞之，橘生淮南則為橘，生于淮北則為枳，葉徒相似，其實味不同。所以然者何？水土異也。今民生長于齊不盜，入楚則盜，得無楚之水土使民善盜耶？」王笑曰：「聖人非所與熙也，寡人反取病焉。」

（《晏子春秋集釋》，392 頁）

15　齊鄒忌　高人高智開蒙蔽

優生的本能決定了藝術品味。美的標準總是和生命力的表現有關。難怪高大威猛、有款有型的男士，特別容易討女性歡心。鄒忌就是其中一位。

此刻，他美麗的妻子正滿眼柔情地凝望着正在整理穿戴、準備上朝的丈夫——一位山東大漢。齊魯健兒一般都很魁偉，鄒忌「修八尺有餘，身體昳麗」，更是超群出眾。想起當年自己吸引並嫁給了這樣一位美男子，眾姊妹識與不識，人人羨慕，實在是幸福之至。

忽然她聽到溫柔而熟悉的、富有磁性的聲音在詢問：

「城北徐公跟我相比，誰更英俊？」

嬌媚地笑一笑，她說：

「還用問嗎？您若不是天下最美的，我又怎會嫁給

您呢？」

唉，城北徐公是著名的美男子。我真的比他還英
俊嗎？老婆之言，不可盡聽，還是再問一問吧。

那時的社會真好——對某些男人來說——幾乎「人
人」都有妻有妾。鄒忌就以同樣的問題，要他的一名侍
妾回答。

侍妾正忙着給他的皮靴上油，把他的衣服熨直，
把他的手帕折好；一聽詢問，慌忙站起身子說道：

「相公最英俊，徐大爺不及相公。」

唉，可能也是婦人之見。不如問問男人。

第二天，兩個男人，從天氣談到打球、喝酒等
等。那客人正準備順勢而入，由健康之類的問題轉到自
己的困境，以便向鄒忌有所請求；忽聽他一問，立即定
一定神，賠着笑說：

「哦，難怪朋友們都説你謙虛客氣，不恥下問。其

實，城中四大美男，以老兄為首，這早已是公論了。老徐好像是第二、第三之類吧。不過，可能連他自己也要承認，他落後於你不止一個馬位。他矮你五分之一寸，中圍稍粗，最重要的是後天鍛煉不得法，而先天又不夠好。譬如說，五官的搭配，腰腿的比例，他都不如你這麼完美……」

唉，什麼完美不完美。完美的是他，不是自己。

過了兩天，徐公忽然造訪，為全國美男協會慈善籌款的事，要商討商討。記得上屆選舉，連自己都口服心服地投了他一票。剛柔合度，倜儻瀟灑，談吐舉止無懈可擊，真是造物主的傑作，男性的典範。

那客人，那侍妾，唉，連我的老婆，都是胡說！

他們不得不胡說，至少是為了討我喜歡而不肯實說，或者是有偏見之說。妻子，是有愛於我。侍妾，是有畏於我。那客人，是有求於我。

照過好幾番鏡子，躺在牀上想了好一陣子，鄒忌終於想通了。

於是，他上朝謁見齊威王，從國際上男人打打殺

殺的事，談到國家裏男人打扮的事，說：

「主上您看，我的情形是這樣。主上的威風比我大千百倍，主上的領土一千多里，城池一百多座，宮中的妃嬪、近臣，朝中的文武百官，國內的士民百姓，以至外國的君王公卿，有求於大王的不計其數；有心無心的偏見，有意無意的誤導，一定大多了！」

齊威王一聽，大為贊同，於是下令：

「各級官吏和人民，凡能夠當面指出我的過錯的，受上賞；提出書面意見的，受中賞；在公眾地方對我批評而被我知道的，受下賞。」

重賞之下，必有勇夫。原來真的是言者無罪，還有重賞。於是，大膽地坦白直言者有之，更大膽地雞蛋裏挑骨頭者亦有之；總之是人人進諫，門庭若市。

這盛況維持了好一陣子，齊的國勢和政治也昌明了好一陣子。

　　鄒忌脩八尺有餘，形貌昳麗。朝服衣冠，窺鏡，謂其妻曰：「我孰與城北徐公美？」其妻曰：「君美甚，徐公何能及也！」城北徐公，齊國之美麗者也。忌不自信而問其妾，曰：「吾孰與徐公美？」妾曰：「徐公何能及君也！」旦日，客從外來，與坐談，問之，曰：「吾與徐公孰美？」客曰：「徐公不若君之美也。」明日，徐公來，孰視之，自以為不如；窺鏡而自視，又弗如遠甚。暮，寢而思之，曰：「吾妻之美我者，私我也；妾之美我者，畏我也；客之美我者，欲有求於我也。」於是入朝，見威王，曰：「臣誠知不如徐公美，臣之妻私臣，臣之妾畏臣，臣之客欲有求於臣，皆以美於徐公。今齊地方千里，百二十城，宮婦左右，莫不私王；朝廷之臣，莫不畏王；四境之內，莫不有求於王。由此觀之，王之蔽甚矣！」王曰：「善。」乃下令：「群臣吏民，能面刺寡人之過者，受上賞；上書諫寡人者，受中賞；能謗議於市

朝，聞寡人之耳者，受下賞。」令初下，群臣進諫，門庭若市；數月之後，時時而間進；期年之後，雖欲言，無可進者。燕、趙、韓、魏聞之，皆朝於齊。此所謂戰勝於朝廷。

（見《戰國策·齊一》，諸祖耿編撰：《戰國策集注匯考》（增補本），507 頁，南京：鳳凰出版社，2008 年。後《戰國策》引文皆用此版本。）

16 趙觸龍　閒話家常服女主

也難怪趙太后這些日子臉色都是黑沉沉的，家事國事天下事，事事煩心。丈夫惠文王死了，長子孝成王年幼不懂事，自己一向是有名地能幹，現在當然義不容辭，要垂簾聽政。偏偏西邊那個虎狼之國又乘時撲噬過來，只有東鄰的齊國力量夠強，可以幫助自己抗秦；可恨他們又要求人質作為抵押，他們是擔心出兵相助，我們忽然翻臉不認人，恩將仇報。哼！我們是這樣的人嗎？唉，不過也難怪，先夫就常常說：國際之間，就是這樣爾虞我詐，你要吞掉他，我要暗算你。

不過最可惱的是他們竟要我的心肝寶貝作人質。若不是顧忌嫡長子繼承的祖宗法制，若不是有「鄭伯克段於鄢」之類的歷史教訓，我真想讓小兒子長安君登上王位。他從小就這樣可愛嘛！當然，大兒子也是自己生的，而且那班大臣一定有許多話說。

現在他們就已經說了太多話了。七嘴八舌，什麼

「社稷為重」呀，什麼「危在旦夕」呀，早就聽厭了。大道理誰不會講？兒子不是你們的，你們當然不心疼。有人還說什麼不要「因小失大」呢。小？小？女人最重要的就是丈夫和兒子，尤其是小兒子。最可恨的是不知哪個混蛋，還爆出一句什麼「婦人之仁」、「婦人之見」哩！哼！等事情擺平了，有你們好看的。

現在姑且收拾心情，見見觸龍。左師公，老臣子了。丈夫臨去，還再三叮囑要尊重他，多聽他的意見。這人也蠻好的，只希望不要又是說那件事吧。恐怕十有八九，又是勸我允許把孩子做人質。孩兒啊，心肝肉啊！母親怎捨得你！

我早就下了命令，誰再說那些渾話，我老婆子一定噴他一臉唾沫！觸龍！觸龍！你不要惹我生氣！

* * *

左師公觸龍畢竟是老了，看他又心急要上前，又蹣跚吃力的——是風濕關節炎吧？是痛風吧？人一老，就會雙腿沒力。看着他辛苦費力的樣子，連太后心裏都覺得憐憫。

「請太后恕罪。老臣腿腳不好，想快一點兒上前也不行了。許久沒有向太后請安了。總是寬慰自己：腿不好，走不動嘛。不過心裏實在掛念太后，所以請求拜見拜見。」

「謝謝左師公。老婆子腿也不好，不過幸虧有輦車代步。」

「每天的胃口好嗎？」

「就吃點稀飯罷了。」

「老臣現在腸胃也差了。每天就散散步，走他三四里，胃口似乎好了一點，身體也舒泰了一些。」

「哦，我老婆子就做不到了。」

她臉上的烏雲已經漸漸散去，重現了平時威嚴莊重之中的和藹。

寒暄的話說得差不多了，應該轉入國家大事了吧！

似乎並沒有。一位為人父的正向另一位為人母的談自己的兒子，請求照顧照顧：

「小兒舒祺，總是長不大。唉，不過老臣實在老了，難免有點兒疼他，希望能補一個宮廷黑衣侍衛的缺額，不曉得這個請求是不是過分了一點。這件事，冒死向太后稟報。」

「哦，小事情，當然可以，當然可以。小孩子多大了？」

「十五歲了，還是什麼都不懂。希望趁自己還在，拜託太后照顧照顧他。」

太后失笑，說：

「你們男人也這樣疼愛小兒子嗎？」

「唉，比女人更甚呢！」

「恐怕不會吧？坦白說，我們婦道人家，總是特別寵愛小兒子。」

「老臣還以為太后疼愛女兒燕后，勝過疼小世子長安君呢！」

「不，不。不像疼長安君那麼厲害。」

「老臣的錯覺是這樣來的：照理說，父母愈疼愛子

女，就愈替他們的前途打算。太后當年送女兒嫁往燕國，抱着她的腳，因捨不得她而哭。迢迢千里，再見不易啊！真是夠傷心的。她走了以後，太后當然不會不惦念她，不過每逢祭祀，太后就一定為她祈禱：『不要讓她回來。』——一回來，就或者是被廢，或者丈夫的國家發生什麼不幸了——這難道不是為了她的長遠打算，希望她有子有孫，相繼做燕的國王嗎？」

「你真明白我的心意呀。」

「從現在往上數，三世之前，也就是一百年前，趙氏建立國家的時候，趙王子孫封為侯爵的，他們的繼承人還有存在的嗎？」

「哦，沒有了。」

「不只趙國，其他諸侯國國君的旁支，子孫三代相繼為侯的，還有存在的嗎？」

「好像沒有聽說過。」

「對了。難怪說富貴不過三代。難道國君的子孫就一定不長進嗎？他們地位崇高，卻沒有功勳；俸祿優厚，卻沒有勞績。有形無形的貴重東西擁有得太多，會令人妒忌。太后，您容許老臣坦白說，現在太后給長安

君以尊貴的地位、富裕的封邑、貴重的珍寶，卻沒有趁早找機會令他有功勞於國家，使人民感念，使群臣心悅誠服；有朝一日太后百年，長安君憑什麼使自己站穩呢？老臣因此覺得太后為長安君考慮得不夠長遠，太后愛他，不及愛女兒。」

聰明的太后到此明白了一切，歎口氣說：

「好吧！任憑左師公怎麼安排吧！」

趙國就為長安君備了一百輛車，到齊國做人質；齊軍出動，秦就退兵了。

最懂得君王心理的韓非子說：「領袖就像龍，龍是可以親近，甚至可以乘坐、控制的，只是千萬不要碰到頸項下面逆生的鱗；一不小心碰到逆鱗，它就會痛得失去理性，亂子就大了！」觸龍的名字真好：他恰巧正是一位善於接觸龍而不為龍所噬的聰明臣子；由噓寒問暖、閒話家常，到大談兒女經，讓對方解除戒備，自然而然地建立起「父母之愛子，則為之計深遠」的家長共

識，順勢帶動這位為人君為人母的「女強人」的愛子之心，將其提升到為國家謀安全、為愛子謀幸福，公私兩全的境界。

龍，是可以觸的，就看怎樣觸法。

　　趙太后新用事，秦急攻之。趙氏求救於齊。齊曰：「必以長安君為質，兵乃出。」太后不肯，大臣強諫。太后明謂左右：「有復言令長安君為質者，老婦必唾其面！」左師觸讋願見太后，太后盛氣而揖之。入而徐趨，至而自謝，曰：「老臣病足，曾不能疾走，不得見久矣！竊自恕，而恐太后玉體之有所郄也，故願望見太后。」太后曰：「老婦恃輦而行。」曰：「日食飲得無衰乎？」曰：「恃粥耳。」曰：「老臣今者殊不欲食，乃自強步，日三四里，少益耆食，和於身也。」太后曰：「老婦不能。」太后之色少解。

　　左師公曰：「老臣賤息舒祺，最少，不肖，而臣衰，竊愛憐之，願令得補黑衣之數，以衛王宮，沒死以聞。」太后：「敬諾。年幾何矣？」對曰：「十五歲矣。雖少，願及未填溝壑而託之！」太后曰：「丈夫亦愛憐

其少子乎？」對曰：「甚於婦人！」太后笑曰：「婦人異
甚！」對曰：「老臣竊以為媼之愛燕后，賢於長安君。」
曰：「君過矣！不若長安君之甚！」左師公曰：「父母
之愛子，則為之計深遠。媼之送燕后也，持其踵而為之
泣，念悲其遠也。亦哀之矣！已行，非弗思也，祭祀必
祝之，祝曰：『必勿使反。』豈非計久長有子孫相繼為王
也哉？」太后曰：「然。」左師公曰：「今三世以前，至
於趙之為趙，趙主之子孫侯者，其繼有在者乎？」曰：
「無有。」曰：「微獨趙，諸侯有在者乎？」曰：「老婦不
聞也。」「此其近者禍及身，遠者及其子孫。豈人主之
子孫則必不善哉？位尊而無功，奉厚而無勞，而挾重器
多也。今媼尊長安君之位，而封之以膏腴之地，多予之
重器，而不及今令有功於國。一旦山陵崩，長安君何以
自託於趙？老臣以媼為長安君計短也！故以為其愛不若
燕后。」太后曰：「諾，恣君之所使之。」於是為長安君
約車百乘質於齊。齊兵乃出。

（《戰國策・趙四》，1120 頁）

夫龍之為蟲也，柔可狎而騎也，然其喉下有逆鱗徑尺，若人有嬰之者，則必殺人。人主亦有逆鱗，說者能無嬰人主之逆鱗，則幾矣。

（王先慎撰，鍾哲點校：《韓非子集解》，94頁，北京：中華書局，2003年）

17　淳于髡　巧辯失鵝得厚賞

　　著名滑稽大師淳于髡替齊王帶禮物給楚王。禮物
很奇怪──或者應該說，很珍奇──是一隻天鵝。

　　一出城門，不知怎的，天鵝就飛了。

　　怎麼辦？怎麼辦？

　　好個淳于髡，提着空籠子，一面從齊到楚，一面
盤算。

　　見到楚王，他說：

　　「下臣當時不忍天鵝路遠口渴，經過河邊，就放它
出來了一下，怎知一下子就飛走了。

　　「當時下臣又痛悔，又焦急。要剌腹、絞頸，自我
了斷吧，又怕人家議論我們主上，因為一隻鵝而弄到人
自殺。要掉包吧──主上當然知道，鵝雁之類，模樣都
差不多──便是弄虛作假，欺騙人君，怎麼辦呢？

　　「當然還有一個辦法，就是逃跑。不過，這樣我們

敬愛的兩位元首的聯絡便因我而中斷了。下臣不能這樣做。

「最後，下臣想通了，還是跑來向主上謝罪，誠實地向主上解釋。坦白是應該的，是不是從寬處理，就任憑主上發落了。」

楚王大為感動。

「好啊！你們齊王手下，有這樣誠實的人啊！」

最後，淳于髡得到了大大的賞賜。

　　昔者齊王使淳于髡獻鵠於楚，出邑門，道飛其鵠。徒揭空籠，造詐成辭，往見楚王曰：「齊王使臣來獻鵠，過於水上，不忍鵠之渴，出而飲之，去我飛亡。吾欲刺腹絞頸而死，恐人之議吾王，以鳥獸之故，令士自傷也。鵠毛物，多相類者，吾欲買而代之，是不信而欺吾王也。欲赴佗國奔亡，痛吾兩主使不通，故來服過，叩頭受罪大王。」楚王曰：「善，齊王有信士若此哉！」厚賜之，財倍鵠在也。

（瀧川資言考證：《史記會注考證》，卷一百二十六，5055 頁，北京：文學古籍刊行社，1955 年）

18 賢亞聖　滔滔雄辯張儒學

　　說到中國文化，談起古人的錦心繡口、妙筆生花，不能不提孟子（約前 372 — 前 289）。

　　孟子所處的時代，列國生存競爭酷烈，諸子百家風起雲湧。如果他冷腸，可以與獨善其身、逍遙自得的楊朱、莊周同調；如果他熱衷，可以跟從法墨之徒、縱橫之士，去競取富貴 —— 他當然也是熱衷，不過是杜甫所謂「窮年憂黎元，歎息腸內熱」那種「熱衷」。所以，他既不取無是無非、明哲保身的道家態度，也不走尊君卑民、急功近利的法家路線，更不加入鼓吹兼愛、反對禮樂的墨家之流；更將蘇秦、張儀之徒曲說騁詞、誘說人君以謀取權位利祿之行，鄙為「無違夫子，以順為正」的「妾婦之道」。他宗奉孔子，以「惻隱」、「羞惡」、「辭讓」、「是非」之心為「仁義禮智」之四端，闡發人性的特質在於「善」。他以仁政王道的理論，遊說諸侯，被認為是迂腐空泛，毫不實際。不過，他總堅

信，功利之術，雖然立竿見影，可是這「竿」一定會很快倒下——後來短命的秦王朝就是一個好例子——如果不以人性良知為基礎，不從教育入手，不以愛民為目的，那麼一切都是邪僻的學說、錯誤的行為。為了弘揚儒家仁義之說，他四面受敵，自然得不斷與人論爭，於是也「贏」得了「好辯」的譏諷。

$$* \quad * \quad *$$

以滑稽著名的淳于髡想為難孟子，問他說：

「『男女授受不親』，是禮嗎？」
「是。」

淳于髡心中暗叫「得計」，立即追問：

「那麼，嫂嫂跌下了井，是用手拉她，還是不拉？」

孟子駁斥這種自以為聰明的質疑，說：

「所謂禮，有通常和規範的一面，也有權宜變化的一面。男女之間，避免身體接觸，是平時的以禮自防；但碰到非常的事情發生，仍然見死不救，那就是豺狼了！」

淳于髡還想勉強支開話題，又說：

「現在天下都沉溺了，你為什麼不出手拯救呢？」

孟子就答道：

「救嫂嫂，要用手；救天下，要用道理——你難道想赤手空拳救天下嗎？」

* * *

有些諸侯也喜歡和孟子辯辯道理。經常跟孟子討論內政、外交、軍事、經濟問題的齊宣王，有一次忽然問他：

「商湯放逐夏桀，武王討伐商紂，有這些事嗎？」

「書上是有這個記載。」

孟子謹慎地回答。

「奇怪！」齊宣王立即逼上一句：

「以臣弒君，可以嗎？」

可以？當然不行；否則，儒家還提倡什麼綱常倫理？

不可以？也不行；否則，儒家還標舉什麼禹湯文武？

怎麼辦？怎麼辦？

孟子不慌不忙地答道：

「傷害仁愛的，就稱之為『賊』；破壞公義的，就稱之為『殘』。殘賊的人，就是眾叛親離的『獨夫』，所以，我們只聽說誅了那個獨夫商紂，沒有聽說是以臣弒君啊！」

對了。桀、紂不配為君；湯、武也就並非人臣，所以，「放」、「伐」的行為，乃是「弔民伐罪」的義舉，並非弒篡的惡行，也就再明白不過了。

*　　*　　*

有一次，孟子跟齊宣王提起仁者、智者與鄰國相處之道，宣王說：

「你的話講得真好呀！可惜我有個毛病：喜歡勇武，喜歡打架。」

孟子說：

「喜鬥好勇不要緊，要緊是好大勇，喜歡和罪惡戰鬥，像文王、武王，因為普世百姓受苦，動了義憤，於是『一怒而安天下之民』，這就是大勇了。」

稍後宣王又說：

「我還有一個大毛病，就是愛財好利，見錢眼開。」

孟子說：

「這也不打緊。」

「從前，周的先代賢君公劉也很喜愛財富。在他的領導下，周人搞活了經濟，促進了生產，結果安居的倉廩豐滿，旅行的囊橐有糧，人人豐衣足食。所以，君主好利不要緊，要緊的是使普天下人民得利。」

齊宣王唯有出最後一道板斧了──他承認自己也有許多男人的通病──好色。孟子心裏笑一笑，說：

「更不打緊。從前周的太王──文王的祖父──也對女性極有興趣。《詩經》描寫他騎着馬，帶着愛人，跑到岐山下的河邊，兩口子找尋地方，建築愛巢，有商有量，甜甜蜜蜜。所以，做領袖的好色不要緊，要緊的是了解群眾的自然需要，而導之於正軌，使得內無婚姻沒着落的怨女，外無找不到妻子的光棍漢子。人民家庭生

活健康，社會就容易安定，國家的繁榮發展，也就有鞏固的基礎。」

見招拆招，鍥而不捨，從中可見孟子是怎樣立場一貫，而開導多方。

* * *

最著名的，是和陳相的那場辯論。陳相本屬儒家，後來被標榜「神農之言」的許行學派吸引，跑了過去，還回來對孟子大發議論，認為一個真正賢明的國君，應該自食其力。他必須與百姓共同耕種，早晚兩頓飯，都要自己做，才不是一個剝削人民的君主。儒家是主張社會分工，各盡所能、各取所值的。孟子就和他展開了一連串的短問短答：

「許行先生一定自己種田，才有飯吃嗎？」
「當然。」
「許先生是自己織布，才有衣穿嗎？」
「不。許先生穿粗麻織成的褐。」

「戴帽子嗎？」

「戴。」

「自己織的嗎？」

「不，用米換的。」

「為什麼不織？」

「要耕田，沒空嘛。」

「好──許先生用銅鍋、瓦甑做飯，用鐵犁耕田嗎？」

「是。」

「自己造的？」

「不，用米換的。」

──第二次提到「換」了。公平交易，哪裏存在誰剝削誰的問題呢？孟子就化短問為炮發連珠了：

「好。用米來換器械，不能說是剝削陶工、鐵匠；陶工、鐵匠也用他們所造的器械來換取米糧，難道就是剝削農夫嗎？況且，許先生為什麼不兼做陶工、鐵匠，以至所有其他各行各業，這樣，便可以什麼東西都是

『許家自製』，而不假外求了。為什麼要拿米和這個交易、和那個交易？交易、交易，沒完沒了，為什麼許先生這樣不怕麻煩？」

「唉，千百種職業、工作，當然是不能又耕田，又兼着做的。」

「難道政治這麼複雜、這麼重要的工作就可以一面耕田，一面兼着做嗎？」

孟子針對這些人的「小農心態」，當頭棒喝，大開其茅塞——

「要知道：社會上的事情，有些是領導者做的，有些是平凡人做的。一個人的生活需要——衣食住行——要靠多少種行業的工作成果才可以供應完備啊！如果種種東西都要自己製造才可以使用，那不是把全世界的人都推到疲於奔命的路上去了嗎？

「所以，社會分工是必然的。有些人從事腦力勞動，有些人從事體力勞動。從事體力勞動的接受管理，從事腦力勞動的負責管理。負責管理的人接受供養，接

受管理的人負責供養，這才是普天下的大道理啊！」

——「勞心者治人，勞力者治於人；治於人者食人，治人者食於人。」孟子這個著名的講法，許多人或者聽來不大痛快，或者痛加批判，不過，恐怕誰也不能否認即使是在「絕對平等黨」內，黨員也需要一位發號施令的領袖，而「不耕不食大同盟」的盟友，也不能一面忙於組織、宣傳，一面還得下田插秧、灌溉、收割、打穀、烹飪，然後才有飯吃吧。

事實上，一個公平合理、全民參與的社會，治人者同時也是被治者，被食者同時也是食人者——「食」，此處音飼（sì），「供養」的意思，上同——這一點，如果孟子生在今日，想必也會贊同吧。

淳于髡曰：「男女授受不親，禮與？」

孟子曰：「禮也。」

曰：「嫂溺，則援之以手乎？」

曰：「嫂溺不援，是豺狼也。男女授受不親，禮也。嫂溺援之以手者，權也。」

曰：「今天下溺矣，夫子之不援，何也？」

曰：「天下溺，援之以道；嫂溺，援之以手。子欲手援天下乎？」

（見《孟子·離婁上》，楊伯峻譯注：《孟子譯注》，264 頁，香港：中華書局，2018 年。後《孟子》引文皆用此版本。）

齊宣王問曰：「湯放桀，武王伐紂，有諸？」

孟子對曰：「於傳有之。」

曰：「臣弒其君，可乎？」

曰：「賊仁者，謂之賊；賊義者，謂之殘。殘賊之

人，謂之一夫。聞誅一夫紂矣，未聞弒君也。」

（《孟子・梁惠王下》，76頁）

王曰：「大哉言矣！寡人有疾，寡人好勇。」

對曰：「王請無好小勇。夫撫劍疾視曰：『彼惡敢當我哉！』此匹夫之勇，敵一人者也。王請大之。《詩》云：『王赫斯怒，爰整其旅，以遏徂莒，以篤周祜，以對于天下』，此文王之勇也。文王一怒而安天下之民。《書》曰：『天降下民，作之君，作之師，惟曰其助上帝寵之。四方有罪無罪惟我在，天下曷敢有越厥志？』一人衡行於天下，武王恥之，此武王之勇也。而武王亦一怒而安天下之民。今王亦一怒而安天下之民，民惟恐王之不好勇也。」

（《孟子・梁惠王下》，61頁）

王曰：「寡人有疾，寡人好貨。」

對曰：「昔者公劉好貨。《詩》云：『乃積乃倉，乃裹餱糧，于橐于囊，思戢用光；弓矢斯張，干戈戚揚，爰方啟行。』故居者有積倉，行者有裹囊也，然後可以爰方啟行。王如好貨，與百姓同之，於王何有？」

　　王曰：「寡人有疾，寡人好色。」

　　對曰：「昔者太王好色，愛厥妃。《詩》云：『古公亶父，來朝走馬，率西水滸，至于岐下；爰及姜女，聿來胥宇。』當是時也，內無怨女，外無曠夫。王如好色，與百姓同之，於王何有？」

（《孟子・梁惠王下》，68頁）

　　陳相見孟子，道許行之言曰：「滕君則誠賢君也；雖然，未聞道也。賢者與民並耕而食，饔飧而治。今也滕有倉廩府庫，則是厲民而以自養也，惡得賢？」

　　孟子曰：「許子必種粟而後食乎？」

　　曰：「然。」

「許子必織布而後衣乎？」

曰：「否，許子衣褐。」

「許子冠乎？」

曰：「冠。」

曰：「奚冠？」

曰：「冠素。」

曰：「自織之與？」

曰：「否，以粟易之。」

曰：「許子奚為不自織？」

曰：「害於耕。」

曰：「許子以釜甑爨、以鐵耕乎？」

曰：「然。」

「自為之與？」

曰：「否，以粟易之。」

「以粟易械器者，不為厲陶冶；陶冶亦以械器易粟者，豈為厲農夫哉？且許子何不為陶冶，舍皆取諸其宮中而用之？何為紛紛然與百工交易？何許子之不憚煩？」

曰：「百工之事，固不可耕且為也。」

「然則治天下獨可耕且為與？有大人之事，有小人之事。且一人之身，而百工之所為備。如必自為而後用之，是率天下而路也。故曰：或勞心，或勞力；勞心者治人，勞力者治於人；治於人者食人，治人者食於人，天下之通義也。」

（《孟子‧滕文公上》‧190 頁）

19 齊陳軫　畫蛇添足止昭陽

　　楚國地廣人多，兵精糧足，令尹（相當於丞相）兼大將軍昭陽足智多謀，剛剛北伐魏國，奪取了八座城池，現在正要賈其餘勇，東征齊國。

　　齊王大為驚恐，派陳軫去謁見昭陽，看看能不能勸他罷手。

　　陳軫一見昭陽，就熱烈道賀：

　　「恭喜！恭喜！令尹閣下戰無不勝，攻無不克，神武英明，佩服！佩服！」

　　「說得好！說得好！多謝，多謝！」

　　「請問閣下：像閣下這般覆滅敵軍、斬殺敵將的偉大功勞，貴國有什麼獎賞？」

　　他不是來求饒，竟是來道賀的，又問這些東西，奇怪。

「哦，我們的獎賞制度很清楚：升為武官最高階的上柱國，領的是最高榮譽上執珪爵位。」

「更高一些呢？」

「就是令尹了。」

「全國有幾個？」

「當然只有一個令尹。」

「是，是。令尹是楚王以下第一人，也是唯一的最高執行者。誰能跟閣下相比？」

「這個當然。」

「讓我說個故事，助助興好嗎？」

＊　　＊　　＊

有人舉行春祭，完事之後，辦事的人獲得賞酒。

不知怎的，酒實在不多，那班人就商議說：

「這酒，好是好，就是少了一點。大家都喝，大家都不夠；一個人喝，就過足癮了。這樣吧，把它當作獎品，我們在地上畫蛇，誰先畫好，誰就拿去喝。」

「好」字還沒說完，各人就已經動筆了。某甲當年唸

書，美術科成績經常高於其他科；只見他龍飛鳳舞，地上很快就畫出——不，跑出——一條活生生的蛇。

「好！你們看，我多快！」於是取過那酒，正要飲下。許是太興奮了，右手的筆還捨不得放下。

「其實我的畫，真的又快又好。你們看這條蛇，簡直生動極了！你們看它不但張牙，而且舞爪——」

他一面說，一面繼續左手持着酒杯，右手在那裏畫——

「爪什麼！蛇有爪的嗎？你這條東西，下面多了些腳爪，根本就不是蛇！」

某乙剛好稍慢一步畫成了蛇，立即放下筆，一把把某甲的酒搶了過去，一面嘲罵，一面喝光了酒，一滴也不剩。

只剩下某甲乾瞪着眼，某丙、某丁有點兒無可奈何，而又有點兒快意。

「你這故事，有趣是有趣，是什麼意思？」

「令尹閣下當然懂得它的意思了。令尹這個最高官位，在楚國只有一個，閣下早已是令尹，縱使功業更高，又怎能再升呢？破了魏，又攻齊，勝利當然沒問題，對閣下又有什麼好處呢？而且位極人臣，又功高震主，不怕突然有不測之禍嗎？就像那故事，某甲當初如果及時收手，不添加足爪，酒又怎會給人搶去呢？」

昭陽於是請陳軫喝酒，並撤回了他的爪──軍隊。

　　昭陽為楚伐魏，覆軍殺將，得八城，移兵而攻齊。陳軫為齊王使，見昭陽，再拜賀戰勝，起而問：「楚之法，覆軍殺將，其官爵何也？」昭陽曰：「官為上柱國，爵為上執珪。」陳軫曰：「異貴於此者何也？」曰：「唯令尹耳。」陳軫曰：「令尹貴矣！王非置兩令尹也，臣竊為公譬，可乎？楚有祠者，賜其舍人卮酒。舍人相謂曰：『數人飲之不足，一人飲之有餘。請各畫地為蛇，先成者飲酒。』一人蛇先成，引酒且飲，乃左手持卮，右手畫蛇，曰：『吾能為之足。』足未成，一人之蛇成，奪其卮，曰：『蛇固無足，子安能為之足？』遂飲其酒。為蛇足者終亡其酒。今君相楚而攻魏，破軍殺將，得八城，又移兵欲攻齊，齊畏公甚，公以是為名，足矣。官之上非可重也。戰無不勝而不知止者，身且死，爵且後歸，猶為蛇足也。」昭陽以為然，解軍而去。

（《戰國策·齊二》，545 頁）

20 智策士 犬兔蚌鷸説群王

　　戰國中期，秦愈來愈強大。那時東方六國當然做夢也想不到後來盡滅於秦的悲慘結局，還在互相攻伐，爭霸不休，以致兵連禍結，生靈塗炭。追源禍始，往往是那些「含着銀匙出生」的所謂「金枝玉葉」，一方面糊塗低能，一方面又逞強好勝，意氣盛而見識短，於是害人害己。

　　對於這些坐上了王位的人類動物，遊説者也唯有用動物作巧妙的比喻，來分析利害，勸止勸止。

＊　　＊　　＊

　　齊威王又想逞威風，攻打魏國。淳于髡對他説：

　　「天下第一快犬，忽然看到世界首席狡兔，於是追風奔雷，猛撲過去，幾乎是同一時間，那狡兔立即警覺，以相同的速度逃命。獵犬和狡兔環繞着山腰跑了

三圈，又翻山越嶺奔了五遍，結果前面的兔子心力衰竭，後面的獵犬也癱軟倒下，一同就地死去。路過的農夫，於是毫不費力，順手收拾了它們，白得了好幾頓的野味。」

「你的意思是——」

「齊與魏長期纏鬥，人也傷亡疲倦，兵器也耗損毀壞，強大的秦、楚乘機打過來，不是很容易得手嗎？」

於是戰爭的危機暫時止住了一陣子。

* * *

北方的烽煙又起：趙國要攻打燕國。

蘇秦的弟弟蘇代跑去對趙惠王說：

「這次我來，經過易水，看到奇景。」

「什麼奇景？」

「有只蚌，剛剛張開兩扇殼，準備曬曬太陽。一隻鷸鳥立即飛過來，要啄食中間美味的肉。說時遲，那時快，那蚌把兩殼一合，緊緊夾住了鷸的長嘴。那鳥死命

想抽出，哪裏抽得動？不過蚌也動不了身、回不了水。

只聽得鷸鳥吱吱呀呀地詛咒：

『今天不下雨，明天不下雨，你死蚌便變成乾肉脯！』

「那蚌也並不示弱，一面繼續夾着鷸嘴，一面咿咿唔唔地回罵：

『今天拉不出嘴，明天抽不出嘴，你這惡鳥便要餓死！』

「它們相持不下，漁夫經過，正好手到擒來，一同帶了回去。」

「你告訴我這件事是什麼意思？」

「趙和燕這樣纏鬥下去，兩家都得不到好處；只便宜了那秦國，讓他們坐收其利。」

趙惠王於是停止出兵。

　　齊欲伐魏，淳于髡謂齊王曰：「韓子盧者，天下之壯犬也；東郭逡者，海內之狡兔也。韓子盧逐東郭逡，環山者三，騰岡者五，兔極於前，犬疲於後，犬兔俱罷，各死其處。田父見而獲之，無勞勸之苦而擅其功。今齊、魏久相持，以頓其兵，弊其眾，臣恐強秦大楚承其後，有田父之功。」齊王懼，休將士。

（《戰國策・齊三》，585 頁）

　　趙且伐燕，蘇代為燕謂惠王曰：「今者臣來，過易水，蚌方出曝，而鷸啄其肉，蚌合而拑其喙。鷸曰：『今日不雨，明日不雨，即有死蚌。』蚌亦謂鷸曰：『今日不出，明日不出，即有死鷸。』兩者不肯相舍，漁者得而並禽之。今趙且伐燕，燕、趙久相支，以弊大眾，臣恐強秦之為漁父也。故願王之熟計之也。」惠王曰：「善。」乃止。

（《戰國策・燕二》，1631 頁）

21 好門客　三字驚人海大魚

　　孟嘗君食客三千，古今傳為美談，其實自他父親田嬰始，就早已供應免費早午晚餐給一班門客白吃了。有一次，他要替自己的封邑薛地興建城牆。因為勞民傷財，許多門客都去規勸。田嬰聽厭了，乾脆就下命令：

　　「不必替他們通報！」

　　有個齊國人請求謁見，說：

　　「我只講三個字。如果多一個字，我願受烹刑！」

　　哈！這人活得不耐煩了。我也悶得不耐煩，就聽聽他說些什麼吧。搞點兒新鮮的，也好。

　　那人急急走上來，一板一眼、清清楚楚地說——不是「說」，是「宣讀」——了三個字。

真的三個字。

「海──大──魚。」

什麼？什麼意思？
正想追問，那人已經急急跑開。

「留步！留步！追他回來！回來！」
「啊不！不！不要拿我的性命開玩笑。變了白灼
蝦，不是好玩的。」
「算了吧。答應你，不會處死。你儘管說吧。」
「真的？」
「真的。」
「好。海大魚，很簡單。別國的人沒機會看見，我
們齊國人看得多。海上一條大魚，好大好大！鉤，釣不
上；網，攔不住。浮沉上下，多快樂！橫衝直撞，多寫
意！可是，千萬不要離開水。一旦失了水，攔淺了，渴
僵了，連小蟲小蟻都爬過去咬它吃它──」

田嬰聽得入了神，不禁把頭點了又點。

「所以嘛，閣下德高望重，權力大，位置高，就像海裏的大魚，翻江倒浪，縱橫任意，而齊國就是閣下的海水。如果齊國在，要築薛城來做什麼？如果沒有了齊國，築薛城又有什麼用？」

築城的計劃，便擱置了。

　　靖郭君將城薛，客多以諫。靖郭君謂謁者：「無為客通！」齊人有請者，曰：「臣請三言而已矣，益一言，臣請烹！」靖郭君因見之。客趨而進，曰：「海大魚。」因反走。君曰：「客有於此。」客曰：「鄙臣不敢以死為戲。」君曰：「亡，更言之。」對曰：「君不聞海大魚乎？網不能止，鉤不能牽，蕩而失水，則螻蟻得意焉。今夫齊，亦君之水也。君長有齊陰，奚以薛為？失齊，雖隆薛之城到於天，猶之無益也。」君曰：「善。」乃輟城薛。

（《戰國策・齊一》，475頁）

22 越使者　終身斷髮一枝梅

　　每個地方風俗習慣的形成，總有它歷史和地理的因素。人又有個易犯的錯誤——《漢書》所謂「安其所習，毀所不見，終以自蔽」——安於自己所習慣的，以為是天經地義、金科玉律，人家的就認為是奇風異俗，甚至是傷風敗俗、劣風陋俗、低等。

　　有一天，不知什麼緣故，越國派使者送給魏王一份禮物——一枝梅花。朝廷上人人覺得奇怪。有個姓韓的臣子，表現得比魏王還憤慨：

　　「哼！哪有用一枝梅花送給國君的？簡直太野蠻，太不可理喻了！無禮之人，讓我替文明社會的大家好好教訓他！」

　　他便搶出朝廷，對越國使者說：

「我們大王有令：戴帽子的，才是文明社會的賓客；不戴的，我們不接見！」

越國使者說：

「我們越國也是周天子所分封，只不過所得的不是中原封地，而是東南海邊，替天子把守天下最外圍的地區，在與大蛇、大爬蟲的鬥爭中生存。大家知道，我們常常要下海，所以要剪斷頭髮、文了身，象徵是龍的兒子，以避開水神。現在貴國這樣規定，實在很有問題。如果貴國使者經過敝邑，我們也發出命令：『賓客要剪斷頭髮、文了身，然後接見。』貴國使者是否照辦？假如貴國現在要堅持，我們唯有照貴國的意思辦；否則，請讓我們保持自己的風俗。」

魏王聽了，就立即斥退姓韓的，穿戴起禮服，接見越國的使者。

　　越使諸發執一枝梅遺梁王，梁王之臣曰韓子，顧謂左右曰：「惡有以一枝梅，乃遺列國之君者乎？請為二三子慚之。」出謂諸發曰：「大王有命，客冠則以禮見，不冠則否。」諸發曰：「彼越亦天子之封也。不得冀、兗之州，乃處海垂之際，屏外蕃以為居，而蛟龍又與我爭焉。是以剪髮文身，爛然成章，以像龍子者，將避水神也。今大國其命，冠則見以禮，不冠則否。假令大國之使，時過弊邑，弊邑之君亦有命矣，曰：『客必剪髮文身，然後見之。』於大國何如？意而安之，願假冠以見，意如不安，願無變國俗。」梁王聞之，披衣出，以見諸發。令逐韓子。詩曰：「維君子使，媚於天子。」若此之謂也。

（劉向撰，向宗魯校證：《說苑校證》，302 頁，北京：中華書局，1987 年）

23 巧蘇秦　土偶桃梗止孟嘗

　　人的興致一來，有時誰都勸止不了。特別是少年得志的公子哥兒，從小到大，人人奉承，事事遂心，哪禁得起半點拂逆？孟嘗君田文身為齊國第一宗親貴族，繼承田氏歷代餘蔭，本來教養甚好，名譽很高。他禮賢下士，食客三千，是國際級的大人物，連遠在西方的秦昭王都要邀請他來訪問訪問。在那時的所謂天下，秦是「泰西」，齊在「遠東」，也可算是東西高峰會議了。

　　那時強盛的秦已經是戰國七雄之首，人人都畏懼這「虎狼之國」；能夠獲得這個超級大邦的元首的邀請，幾乎沒有人不會高興得惶恐，興奮到失控。享受着大富貴、見慣了大場面的孟嘗君，也禁不住興奮，以致拒絕了數以百計的諫止。著名的縱橫家、倡導六國聯合以抗秦的蘇秦打算諫阻他，也受到比較禮貌的拒絕：

　　　「人的事，我全都聽過了，也不想再聽了，除非是

鬼的事！」

　「對，就是鬼的故事。有興趣聽聽嗎？」

唉，好吧。姑且聽聽吧。

　「這次來到齊國的淄水旁邊時，聽到一些鬼話。」

什麼鬼話？

　「泥偶像和桃雕像兩個幽靈的對話。」

說些什麼？

　「桃枝偶像對泥土偶像說：

　『你啊，我真替你擔心。你本是淄水岸邊的泥土，給人家弄弄捏捏，變成了人的模樣。一到八月雨季，河水一漲，你又跑不動、逃不了，一定會被泡成爛泥漿！』

　『老兄也不必替小弟擔心。』

　「土偶微笑着回答桃梗：

『靈歸於靈，土歸於土。我本來就是河岸的泥土，還我本來，有什麼好擔心的呢？』

「桃梗眨眨眼，聽着朋友說下去。

『應該擔心的反而是你。你本來是東方的桃木。據說有辟邪的神通，被人雕雕刻刻，變成了人的樣子。大水一沖，你就不只離土辭根，簡直是隨波逐流，不曉得漂浮到哪裏去了！』」

—— 東方的木，東方的木神，不就是自己嗎？

「對了。孟嘗君您，在東方的齊國 —— 自己的祖國 —— 何等尊貴，何等顯赫。可是，一旦離開了自己鞏固的基礎，到那遙遠的西方，那神祕的、太多恐怖傳聞的西方，一旦回不來了 ——」

孟嘗君聽後，也就打消了赴秦之意。

　　孟嘗君將入秦，止者千數而弗聽。蘇秦欲止之，孟嘗君曰：「人事者，吾已盡知之矣；吾所未聞者，獨鬼事耳。」蘇秦曰：「臣之來也，固不敢言人事也，固且以鬼事見君矣。」孟嘗君見之。謂孟嘗君曰：「今者臣來，過於淄上，有土偶人與木偶人相與語。木偶人謂土偶人曰：『子，西岸之土也，埏子以為人，至歲八月，降雨下，淄水至，則子殘矣。』土偶人曰：『不然。吾西岸之土也，吾殘，則復西岸耳。今子，東國之桃梗也，刻削以為人，降雨下，淄水至，流子而去，則子漂漂然將何所之也？』今秦，四塞之國也，譬若虎口，而君入之，則臣不知君所出矣。」孟嘗君乃止。

（《戰國策・齊三》，564 頁）

24 燕樂毅　名成功立報君王

　　你是一位才華卓絕的軍事家，受賞識於禮賢下士的國君，建立了不世的功業。但是，就在你與敵人纏鬥之際，知己的元首逝世，繼位者因為舊日嫌怨，再加上新近又中了敵人反間之計，竟把兵權奪了給予別人，你於是避禍他逃，軍隊也就轉勝為敗。這位新君竟然來信責備，怪你不應該離職去國，並且說你有倒戈反擊的嫌疑，對不起故主云云──這封信，你怎樣答覆？

　　兩千三百年前的名將樂毅，此刻就在考慮怎樣答覆。

　　那個時代，列國吞併、決戰，比春秋時期更為頻繁，生存競爭更為慘烈，國家數目大大減少，各國疆土大大增加，超級強國更有爭奪天下唯一霸主而盡吞其餘之勢。為世所重的政治、軍事人才，往往去就於列強之間，就像現代的商業奇才，被同行如敵國的各大公司爭相聘用。樂毅本是中山（位於今河北）人，起初以軍事

才能馳名於趙，後來南下魏國發展，代表魏王東使燕國，燕昭王極力禮敬他，希望報復南方驕暴的齊湣王屢屢侵伐掠奪之怨。楚、韓、趙、魏等對齊也素來不滿，於是以樂毅為統帥，五國聯軍大破齊師。諸侯罷兵之後，燕軍繼續挺進。五年之間，攻下齊國七十多座城池，齊都臨淄也告陷落，只剩莒與即墨兩處。齊湣王四處逃亡後被人殺死。被封為昌國君的樂毅包圍即墨，正在找機會決戰。

就在這個時候，燕昭王病死，曾經與樂毅有過節的太子即位為惠王。堅守即墨的齊將田單，足智多謀，立即散播謠言，說樂毅這麼能幹，而久攻兩城不下，是故意如此，以鞏固軍權，圖謀不軌，以往礙於昭王的情誼，現在正好準備篡位了。惠王果然中計，又驚又怒，立即以騎劫代為主帥，召回樂毅。樂毅恐怕回燕被害，就投奔趙國，被封為望諸君。

陣前易帥，是兵家大忌。燕軍的士氣與紀律於是大壞。田單命令即墨人民食前必在庭中祭祀，吃剩的東西吸引了大批飛鳥，於是田單順勢使人散佈仙人下降幫助齊國的神話——燕、齊鄰近大海，都是陰陽鬼神學

說最盛的國家。另外，齊人又假傳消息，說神靈最忌燕軍把俘虜削去鼻子放在軍前，又怕燕軍發掘城外墳墓，焚燒死屍。燕人都信以為真，一一照辦，結果激起齊人怨憤無比的鬥志。田單全家都與兵卒一同飲食、工作，又安排老弱婦孺穿上軍服，遮住精壯的正規軍士出去巡城，另外派人偽裝成城中富戶私自出城，賄賂燕軍，請他們入城時特別放過，諸如此類；燕軍就又驕傲又懈怠了。

田單在城中搜集了千餘頭牛，披上五彩斑斕的龍紋罩衣，角上綁了鋒利的刺刀，尾上繫着浸透油脂的葦草，同時把城牆鑿開了幾十個洞。乘着黑夜，洞一鑿開，就點燃牛尾的草，那千餘頭又驚又痛又怒的蠻牛，紛紛從洞口衝出，扮成鬼怪模樣的齊軍隨後銜枚衝殺。城中老弱全部敲鑼擊鼓，聲音震天動地。可憐燕軍從睡夢中忽然驚醒，只見一片混亂喧鬧，殺來的是無數妖魔鬼怪，也來不及披戴盔甲、執拿兵器，都爭相逃走，於是死傷無數，主帥騎劫——這名字真壞——也在亂軍之中被殺。齊軍乘勝追擊，七十多座城池一一收復。

這時的燕惠王，後悔、慚愧、憤怒、懼怕、焦

急,什麼都來了。他怕怨憤的樂毅會率趙軍乘機打來,就派人責問樂毅說:

「你不會忘記先王是怎樣信任你、重用你的吧?你過去的功勞,我並非不記得。先王去世,我剛剛即位,沒有經驗,被左右的人誤導了。不過,我叫你回來,是恐怕你在外太過辛苦,要你回來休息休息,並且商量大計,想不到你竟然背棄先王以往的情義,跑到趙國去。你替自己打算,真有辦法啊!你怎麼對得起先王對你的禮遇呢?」

對這樣一個死不悔改的故主之子,這樣一封無禮又無理的信,樂毅該怎樣回答?

不看僧面看佛面,到底對方還是一國之君、自己的舊君主。他保持禮貌、委婉的語氣,順着對方所謂「新即位」、「為左右所誤」,首先解釋當初不得不出走和現在寫這封信的原因:

「下臣沒有才智,不能夠秉承先王的教導,順應您

的心意，恐怕有不測之事，以致損害了先王的美名，並且累您蒙上枉殺功臣的罪名，傷害了道義，所以逃遁來趙國。自己背上了不好的罪名，所以不敢用說話來表白。現在主上派人來數說下臣的罪過，下臣恐怕主上左右不明白先王重用、厚待下臣的原因，又不明白下臣為先王辦事的用心，所以敢於用這封信來回答。」

短短的開場白，極精簡，極含蓄，可以說是全信的總綱。樂毅跟着申明了一個由無數國破家亡的痛苦事實而得出的教訓：

「聖賢的君主，俸祿不是親誰就給誰，是給予有功勞的人；官職不是愛誰就給誰，是給予有能力的人。」

所以，「察能而授官」，才是「成功之君」，「論行而結交」，才是「立名之士」。這句精警的話，暗示燕國這次由大勝而大敗，就是因為為君的沒有「察能而授官」，反而把兵權授予所親近的低能將領。另一方面，才能卓越、追求榮譽的人——包括自己——就要看誰

的行為合理，就和誰結為賓主，就如常言所說的，「賢臣擇主而事」，並不存在「對誰不忠」的問題。

他追述：昔日燕昭王重用自己，是知人善任，為國求賢，所以授予統帥的高位；自己也因為君臣之間如魚得水，像好朋友，自己的軍事學問得到賞識，才華得到施展，所以樂於接受委任。燕昭王最大的心願是向齊報仇——燕王噲誤信相國子之，引起混亂，齊王乘機侵燕，殺燕王噲，幾乎滅燕。昭王繼位，立志要洗雪國恥；樂毅感激知己，就替他想辦法。齊是春秋五霸之首，國力極強，戰國時期，威勢仍盛，屢次戰勝鄰國，燕一定要與許多諸侯聯合，才有足夠的力量對付。所以，最好首先與強大的趙國聯盟，從齊的正北、西北方面夾攻，而齊國所據淮北、宋地，是楚、魏垂涎之處。如果四國聯兵，就可以大破齊軍了。由於自己竭忠盡智，將士用命，果然戰功顯赫，席捲河北、濟上之地，輕卒銳兵，直陷齊都，潛王遁而走莒，齊國立國以來差不多八百年積累的無數珠玉財寶、車甲珍器，以至齊國大地，盡為燕有。自五霸以來，未有這樣的盛況。所以，論功行賞，自己也被封為昌國君，這是爵有應得，

而且也報答了先王的知遇之恩。

樂毅隨後用「賢聖之君，功立而不廢」、「蚤知之士，名成而不毀」這兩句精警的話，引出下文。保存自己的榮譽，也就是保存先王的知人之明，甚至是保存對方，使不致背上誤誅功臣的醜諡。至於燕惠王倒行逆施，以致墮失先王的偉功，毀了燕國勝利的果實，這是自取其咎，不言而喻，也就無話可說了。

再跟着是敍述當時的一件驚心動魄、沉痛無比的大事：吳王闔閭重用伍員（子胥），攻入楚都，伍員又輔佐繼任之君夫差破越。驕滿的夫差後來拒絕伍員的勸諫，不提防勾踐的復仇，甚至迫伍員自殺，把他的屍骸包在皮袋裏丟進江中。夫差是拒絕了先王遺臣、自己的忠臣的先見之明而致亡國，伍員是疏忽了兩代君主器量之不同、賢愚之有別，甚至與自己交情的差異，而致身死名損。這活生生、血淋淋的史實，前半部分和自己與昭王、惠王父子的關係何其相似！現在是不想彼此有類似下半部的結局！

樂毅說得很清楚：自己去燕投趙，是保存生命、功業，以明先王知人善任的美德。如果明知面臨不可測

的毀棄罪名，仍然企圖僥倖，結果累人累己，那就既不智，又不義了。

信的結尾，樂毅以「古之君子，交絕不出惡聲；忠臣去國，不潔其名」，表示由於自己所受的古典教養，即使交情斷了，也不會辱罵對方；更不會為了自己的清白名譽而醜化故國與故主。至於誰是誰非，孰智孰愚，天下自有公論；燕惠王自己的倒行逆施，已經受到了報應。這些，樂毅一句也沒有說；了解事實的讀者，也都心知肚明。樂毅最後希望的，只是惠王不要再誤信左右之言，不明白這位被他疏遠的人的心跡。至於賓主關係，早就由惠王自己結束，不必再多言責備，這點也是不言而喻的。

全信行文委婉而懇摯，表露心跡，透徹爽快而悲痛蒼涼，是文學史上極有名的傑作。

愧悔的燕王，又以樂毅的兒子樂閒為昌國君。樂毅也就往來兩國之間，做做燕的客卿，後來就在趙終老了。

　　昌國君樂毅為燕昭王合五國之兵而攻齊，下七十餘城，盡郡縣之以屬燕。三城未下而燕昭王死。惠王即位，用齊人反間，疑樂毅而使騎劫代之將。樂毅奔趙，趙封以為望諸君。齊田單欺詐騎劫，卒敗燕軍，復收七十城以復齊。燕王悔，懼趙用樂毅承燕之弊以伐燕。

　　燕王乃使人讓樂毅，且謝之曰：「先王舉國而委將軍，將軍為燕破齊，報先王之讎，天下莫不振動，寡人豈敢一日而忘將軍之功哉？會先王棄群臣，寡人新即位，左右誤寡人，寡人之使騎劫代將軍者，為將軍久暴露於外，故召將軍且休計事。將軍過聽，以與寡人有郤，遂捐燕而歸趙。將軍自為計則可矣，而亦何以報先王之所以遇將軍之意乎？」

　　望諸君乃使人獻書報燕王曰：「臣不佞，不能奉承先王之教以順左右之心，恐抵斧質之罪以傷先王之明，而又害於足下之義，故遁逃奔趙。自負以不肖之罪，故

不敢為辭說。今王使使者數之罪，臣恐侍御者之不察先王之所以畜幸臣之理，而又不白於臣之所以事先王之心，故敢以書對。

「臣聞賢聖之君，不以祿私其親，功多者授之；不以官隨其愛，能當之者處之。故察能而授官者，成功之君也；論行而結交者，立名之士也。臣以所學者觀之，先王之舉錯，有高世之心，故假節於魏王，而以身得察於燕。先王過舉，擢之乎賓客之中，而立之乎群臣之上，不謀於父兄，而使臣為亞卿。臣自以為奉令承教，可以幸無罪矣，故受命而不辭。

「先王命之曰：『我有積怨深怒於齊，不量輕弱，而欲以齊為事。』臣對曰：『夫齊，霸國之餘教也，而驟勝之遺事也，閑於兵甲，習於戰攻。王若欲攻之，則必舉天下而圖之。舉天下而圖之，莫徑於結趙矣。且又淮北、宋地，楚、魏之所同愿也。趙若許，約楚、魏，宋盡力，四國攻之，齊可大破也。』先王曰：『善。』臣乃口受令，具符節，南使臣於趙。顧反命，起兵隨而攻

齊。以天之道，先王之靈，河北之地，隨先王舉而有之於濟上。濟上之軍，奉令擊齊，大勝之。輕卒銳兵，長驅至國。齊王逃遁走莒，僅以身免。珠玉財寶，車甲珍器，盡收入燕。大呂陳於元英，故鼎反於歷室，齊器設於寧臺。薊丘之植，植於汶皇。自五伯以來，功未有及先王者也。先王以為愜其志，以臣為不頓命，故裂地而封之，使之得比乎小國諸侯。臣不佞，自以為奉令承教，可以幸無罪矣，故受命而弗辭。

「臣聞賢明之君，功立而不廢，故著於春秋；蚤知之士，名成而不毀，故稱於後世。若先王之報怨雪恥，夷萬乘之強國，收八百歲之蓄積，及至棄群臣之日，餘令詔後嗣之遺義，執政任事之臣，所以能循法令順庶孽者，施及萌隸，皆可以教於後世。

「臣聞善作者不必善成；善始者不必善終。昔者，伍子胥說聽乎闔閭，故吳王遠跡至於郢。夫差弗是也，賜之鴟夷而浮之江。故吳王夫差不悟先論之可以立功，故沉子胥而不悔。子胥不蚤見主之不同量，故入江而不

改。夫免身全功,以明先王之迹者,臣之上計也;離毀
辱之非,墮先王之名者,臣之所大恐也;臨不測之罪,
以幸為利者,義之所不敢出也。

　　「臣聞古之君子,交絕不出惡聲;忠臣之去也,不
潔其名。臣雖不佞,數奉教於君子矣。恐侍御者之親左
右之説,而不察疏遠之行也。故敢以書報,唯君之留
意焉。」

(《戰國策・燕二》,1612 頁)

25 魏范雎　攻堅解困得秦相

自己的出身，在別人眼中算是卑賤；又處身外國，面對的是這個國家——天下最強盛的虎狼之國——最高權力的擁有者。初次見面，談的便是人家骨肉之間的事和權力鬥爭——試問如何開口？

最好是不開口。

但，又怎能不開口呢？對方紆尊降貴，滿懷誠意，一再恭敬地詢問，不回答，是極不合禮；而且，自己歷盡艱辛，千里迢迢而來，為的也是在人君面前施展口才，表現學識，以博取富貴權位，不開口，豈不是功虧一簣？

對了，多年來，范雎含辛茹苦，受盡折磨，為的就是要做帝王之師。他從小就以學識高、口才好出名，只是家境極差。在未有王侯賞識之前，他沒有經濟能力做稍具規模的社會活動，於是便投靠了魏國中大夫須賈。

當年燕國樂毅率領五國聯軍攻齊，魏也在其中。後來樂毅罷帥，齊國田單以火牛攻燕，恢復國土，齊國聲威重振；魏國怕齊復仇，就派須賈去聘問，范雎也隨從出使。在酬應過程中，齊王極欣賞范雎的學識口才，就私下重賞他黃金十斤和牛肉美酒。范雎退回了黃金，但須賈還是懷疑他出賣了某些國家機密。

　　回國後，須賈告訴國相魏齊，范雎便受到一頓拷問、毒打，肋骨也斷了，牙齒也折了。范雎詐死，被用破草席捲着，丟棄到廁所中。魏齊的賓客喝多了酒，一個個醉醺醺地跑進去，就在那捲着破席的「罪犯」身上便溺。後來守廁的人接受了范雎的央求賄賂，趁魏齊大醉，請准把這臭氣熏天的「死人」連同破席拋棄。范雎因此趁機逃脫，躲過了魏齊醒後的追查，並得朋友鄭安平的幫助逃走，改名張祿，又得到秦國駐魏外交官王稽的賞識，帶他返回了咸陽。

　　那時秦昭王在位已經三十六年，實際上的當權者穰侯雄才大略，南破楚，東破齊，把近鄰的三晉韓、趙、魏打得衰敗不堪。他是太后的同母異父弟弟，極憎厭各國移民分子，而太后的同父弟華陽君、昭王自己的

同母弟涇陽君、高陵君等一班人，都掌握軍、政、經濟大權，勢力、財富直逼中央，昭王深感威脅。這時王稽向他介紹「張祿」，說此人有安君保國之道，請求當面陳述。秦王起初沒有什麼反應，范睢——就是所謂的張祿——就上書，強調明主要有功必賞、有能即用，如果秦王認為自己有用，就請給以機會，否則就請遣走。他又舉楚國的和氏璧為例，說明人們常常有寶貝在身邊而不知，看走了眼。總之，希望秦王給他一個面談的機會，如果不中聽，浪費了秦王的時間，甘願受死刑。昭王於是召見他於離宮。

見面前一刻，范睢詐作不認得路，糊糊塗塗、魯魯莽莽地直闖通往內宮的長巷，於是和宦官發生了爭執——

「你不要進去！你不能進去！主上要出來了！」

「主上？這裏哪有主上？我們只知道秦國有太后，有穰侯，哪聽過有主上！」

擾攘呼喝之間，昭王剛好來了，聽到了一切，心

事就大大觸動，於是對范雎加倍禮敬；態度之認真、場面之隆重，令所有人都嚴肅起來。宴飲過後，昭王屏退左右，請教這位「張祿」先生：怎樣安身？怎樣治國？范雎再三支吾不開口，直等到昭王再三激切詢問，差不多要變臉了，才極為誠懇地回答：

「下臣不是故意這樣拖延推搪，是不得已啊！當初呂尚只是一個老漁夫，就在這咸陽附近的渭水垂釣。周文王一遇到他，談得十分投契，十分深入，便邀請他坐了自己的車回去，請他做了太師——最高領袖的首席顧問老師——結果開創了王朝，平定了天下。如果不是周文王有眼光、有胸襟，後來的一切豐功偉業，都無從談起。現在我只是客處他鄉的一個臣子，與大王關係疏遠，要談的又是骨肉親情之間和政權核心的問題。大王想想，下臣是怎樣難於開口呢！

「當然，下臣極願意貢獻一片愚忠，只是未知大王的心意怎樣，所以大王再三詢問，下臣都不敢應對——下臣並非自己畏懼什麼，即使明知今天講了話在前，明

天便會受死在後，下臣也並不擔心。如果大王信從下臣的愚見，並且加以實行，死亡、流放都不會是下臣的憂慮，甚至全身塗漆、生滿癩瘡；或者披頭散髮，變成狂人，於是形貌全非，以躲避人家耳目，也都不是下臣的羞恥。其實，講到死，五帝三王那般神聖、仁德，要死；五霸那般超卓強盛，要死；烏獲、孟賁那般勇猛有力，也要死，死是人所不免，勢所必然的。如果我的一死，對秦有真正的幫助，即使是微小的幫助，那也正是下臣一向的願望。死，有什麼可怕呢？」

說的愈說愈激動，聽的也愈聽愈入迷了。范雎又用時人熟知的伍子胥事跡說：

「伍子胥匿在皮囊裏，夜出昭關，白天隱伏，黑夜趕路，東西吃光了，就在吳國街市，爬着乞食，最後輔佐吳王闔閭成就霸業——如果下臣能像他一樣，貢獻計謀，得到採用，即使從此囚禁，見不到大王，也沒有憂慮了。反過來說，殷末的箕子因為佯兒紂王不聽勸諫，詐瘋為奴，楚國隱士接輿因為昭王無道，也佯狂不仕，結果對殷朝、對楚國都沒有好處。如果下臣有與他們相

同的報國之心，而計策又能得到信用，從而能對自己信任、尊敬的君主有所裨益，那就是最大的光榮了，還有什麼羞恥呢！最怕的是身死之後，天下見到下臣盡忠而不免身死，因此就害怕起來，閉口不講真話，停步不來秦國了。

「大王現在對上畏懼太后的積威，對下迷惑於奸臣的虛偽姿態，生活圈子困在深宮之中，離不開近臣的控制，終身受到蒙蔽，沒有辦法洞悉奸情，這樣下去，大則王朝傾覆、宗廟滅亡，小則人君孤立、身處險境，這是下臣最不想見到的。至於個人的窮困、受辱，甚至死亡，下臣是不敢畏懼的。總之，如果下臣死而秦國政治大有改善，那就比活着更有意思了！」

范雎真厲害！秦昭王久受母后、母舅、弟弟等人聯手構成的壓力網所困逼，孤危的恐懼與掙扎的欲望交織相伴而與日俱增，這一點范雎看得十分清楚，於是就把最適當的話，準確地放進昭王隱密的心坎深處。開始的故意遲疑，表現了交淺不敢言深，而良臣遇到明君又不能不推心置腹的苦衷；跟着表明：自己不是怕死而不

敢盡忠，是恐怕死了而令天下鉗口裹足，陷秦國與秦王於無言可聽、無人可信、無忠可用的境地，反之，如果自己的意見對方能聽能行，那就死而無憾了。一番話，聽得昭王又感動，又激動，就要拜范雎為師。《古文觀止》編者吳楚材說得好：「必欲吾之說千穩萬穩，秦王之心千肯萬肯，然後一鍥便入——吾畏其人！」

當時畏服范雎的當然也大有人在。一番話之後，昭王心悅誠服，徹底信任，毅然廢太后，逐穰侯等，大權獨攬，而封范雎——張祿——為應侯，做秦的丞相，總理政務，秦的強盛又更進了一步。

於是范睢乃得見於離宮，詳為不知永巷而入其中。王來而宦者怒，逐之，曰：「王至！」范睢繆為曰：「秦安得王？秦獨有太后、穰侯耳。」欲以感怒昭王。昭王至，聞其與宦者爭言，遂延迎，謝曰：「寡人宜以身受命久矣，會義渠之事急，寡人旦暮自請太后；今義渠之事已，寡人乃得受命。竊閔然不敏，敬執賓主之禮。」范睢辭讓。是日觀范睢之見者，群臣莫不洒然變色易容者。

秦王屏左右，宮中虛無人。秦王跽而請曰：「先生何以幸教寡人？」范睢曰：「唯唯。」有閒，秦王復跽而請曰：「先生何以幸教寡人？」范睢曰：「唯唯。」若是者三。秦王跽曰：「先生卒不幸教寡人邪？」范睢曰：「非敢然也。臣聞昔者呂尚之遇文王也，身為漁父而釣於渭濱耳。若是者，交疏也。已說而立為太師，載與俱歸者，其言深也。故文王遂收功於呂尚而卒王天下。鄉使文王疏呂尚而不與深言，是周無天子之德，

而文武無與成其王業也。今臣羈旅之臣也，交疏於王，而所願陳者皆匡君之事，處人骨肉之閒，願效愚忠而未知王之心也。此所以王三問而不敢對者也。臣非有畏而不敢言也。臣知今日言之於前而明日伏誅於後，然臣不敢避也。大王信行臣之言，死不足以為臣患，亡不足以為臣憂，漆身為厲被髮為狂不足以為臣恥。且以五帝之聖焉而死，三王之仁焉而死，五伯之賢焉而死，烏獲、任鄙之力焉而死，成荊、孟賁、王慶忌、夏育之勇焉而死。死者，人之所必不免也。處必然之勢，可以少有補於秦，此臣之所大願也，臣又何患哉！伍子胥橐載而出昭關，夜行晝伏，至於陵水，無以餬其口，膝行蒲伏，稽首肉袒，鼓腹吹篪，乞食於吳市，卒興吳國，闔閭為伯。使臣得盡謀如伍子胥，加之以幽囚，終身不復見，是臣之說行也，臣又何憂？箕子、接輿漆身為厲，被髮為狂，無益於主。假使臣得同行於箕子，可以有補於所賢之主，是臣之大榮也，臣有何恥？臣之所恐者，獨恐臣死之後，天下見臣之盡忠而身死，因以是杜口裹足，

莫肯鄉秦耳。足下上畏太后之嚴，下惑於姦臣之態，居深宮之中，不離阿保之手，終身迷惑，無與昭姦。大者宗廟滅覆，小者身以孤危，此臣之所恐耳。若夫窮辱之事，死亡之患，臣不敢畏也。臣死而秦治，是臣死賢於生。」秦王跽曰：「先生是何言也！夫秦國辟遠，寡人愚不肖，先生乃幸辱至於此，是天以寡人恩先生而存先王之宗廟也。寡人得受命於先生，是天所以幸先王，而不棄其孤也。先生奈何而言若是！事無小大，上及太后，下至大臣，願先生悉以教寡人，無疑寡人也。」范雎拜，秦王亦拜。

（見《史記・范雎蔡澤列傳》，司馬遷撰：《史記》，2406 頁，北京：中華書局，1959 年。後《史記》引文皆用此版本。）

26　智蔡澤　巧勸應侯讓宰相

　　話說化名「張祿」的范雎，得到秦昭王全心的尊敬與信任，被拜為「應侯」。國際上都知道最強盛的秦國有位當權的「張丞相」，而幾乎沒有人知道世上還有個「范雎」。

　　范雎昔日的上司——那個誤會他、累他被魏齊毒打得幾乎死去、又棄他在廁中任人便溺的須賈，這時又被派往秦國，希望找些門路，緩和一下秦兵又要攻魏的局勢。范雎知道他來了，就改穿了破舊的衣裳，散步到他的旅館。須賈大為驚訝，說：「范叔你無恙吧？」「謝謝。還可以，還可以。」「又來秦國施展口才了？」「唉，怎敢，怎敢，幾乎被魏齊打死，僥倖逃到這裏罷了。」「現在幹些什麼？」「替人打些散工，幹些雜活而已。」「唉——」須賈心裏有點兒哀憐之意，誠懇地留他吃飯。「范叔你啊，想不到竟然貧寒到這個地步！」他就拿了自己一襲粗厚的綿袍（綈袍），送給范雎。兩

人又拉拉雜雜地談了一會兒。須賈覺得范雎雖然潦倒，對社會環境卻似乎相當熟悉，就不大經意地說：

「我有些事情，想拜見你們張祿丞相，和他談談，你是不是有什麼跟他熟悉的人物，可以引見我一下？」

「哦——」范雎嘴角稍一牽動，立即又恢復平靜的表情，慢慢地說：

「真巧，我的主人跟丞相很熟，我跟着主人，有時也遠遠見到。這樣吧，我替大夫想想辦法。」

「還有個小問題，我現在馬匹不好，車子又斷了軸。你也知道，沒有體面一點的高車大馬，我是不出門的，在公在私都不方便嘛。」

「好，我也替你問問主人吧。」

范雎轉眼就弄來整套極體面的駟馬大軺車，還親自當車夫。須賈見一路上人們都議論紛紛，心裏不禁有些奇怪。到了相府，范雎說：

「麻煩大夫在這裏等等，我去通報一下。」

等了好一會兒，還不見范雎出來，須賈就忍不住去問門房。

「這裏沒有什麼范雎。」
「就是剛才那個和我一同來的人啊。」
「什麼范雎？他就是我們的張丞相嘛！」

這一驚，非同小可！須賈連忙袒開衣裳，用膝頭跪着，如準備受鞭打的犯人一般，請門房領他進去謝罪。

范雎──張丞相──擺起很大的排場，正式接見他。

「我做夢也想不到閣下能夠靠自己升到這樣高的位置。從今以後，我不敢再讀天下的書，不敢再過問天下的事了！

「我知道自己有莫大的罪過，只希望能夠從輕發

落——把我趕到野蠻人的地方吧。是死是活，任憑閣下處置好了。」

「你的罪有幾條？」

「數不清的一大串，就是拔掉我所有的頭髮，數起來也比不上我的罪多。」

「我告訴你吧，你有三條大罪：

「第一，你冤枉我。我的祖墳在魏國，我根本沒有打算到齊國做事，更不會出賣魏國。齊王厚待我，只是禮貌和好意，你竟一口咬定我不忠，還在魏齊面前說我壞話，這是第一條。

「其次，你見死不救。魏齊幾乎把我打死，又把我丟進廁所，你沒有說半句話勸止。這是第二條。

「最後，你雪上加霜。喝醉了酒，在我身上撒尿的，你也有份。這是第三條。

「你有這三條大罪，任何一條，我都可以要你死；但是，你今天可以不死。你見到我寒酸成那個樣子，就送我厚綿袍，也算你尚有人心，還算是念舊，就饒了你吧。」

到須賈辭行的時候，范雎在大堂上宴請諸侯使節，偏偏把須賈安置在堂下，命兩個黥了面的罪犯左右挾着他，以餵馬的器具強餵他吃乾草拌豆的飼料。范雎又告訴他說：

「回去告訴魏王：趕快把魏齊的頭拿來，否則，我就要血洗大梁！」

魏齊躲到趙國的平原君那裏，秦昭王函邀平原君到秦，然後要挾他：想返回趙國，就要交出魏齊。平原君說不能出賣朋友，而且魏齊也不在自己的家。昭王就寫信給趙王。魏齊唯有乘夜逃亡，連趙相也陪他出走，回到魏國京城大梁，想靠信陵君的力量跑到楚國。信陵君起初猶豫，恐怕被牽累，後來聽了勸告，就出郊迎接。魏齊知道人家款待他原來是出於勉強，在憤悔、羞怒、恐懼交襲之下，就自殺死了。趙王就拿了他的首級，贖回了平原君。

又過了幾年，秦昭王用范雎的反間計，使趙王誤信奸佞，又因為廉頗吃了敗仗，堅守不出戰，就廢棄他

不用，反而拜那個輕浮驕躁、紙上談兵、誇誇其談的青年人趙括為帥。趙括是名將趙奢的兒子，理論說得頭頭是道，不過他父親知道他是個假大空，遺囑吩咐他千萬別實際玩火。他母親也哭訴稟告了好幾回，請趙王不要任命他。只是趙王執意不聽，結果碰上著名的秦將——殺人王武安君白起，大敗於長平，被俘的趙軍四十五萬人，一夜之間，全被坑殺！這是發生在公元前 260 年的中國上古史上的一大慘劇！

　　當時天下震動，魏、韓等國尤其恐慌。白起還派人回秦請求增兵增餉，準備乘勝滅趙。縱橫家蘇秦的弟弟蘇代就遊說范雎放過趙國。白起軍功太大了，一定會影響到秦國的權力均衡，威脅到范雎的地位；而且，趙國一亡，土地、人民都被北鄰的燕和東鄰的齊分割了，南方的韓、趙也少不了會吞併一部分，結果歸秦所有的就很少，不如暫許他們割地求和。范雎被打動了，就向言聽計從的秦王進言。失意的白起此後就常常大發牢騷，甚至拒絕秦王派遣，最後一次，秦王聽了應侯范雎和其他大臣的話，就賜白起自盡了。

　　這個時候，范雎的權勢真是如日中天。誰知兩年

之間，他所保薦的兩個朋友偏偏都出了亂子。鄭安平攻趙失敗，被圍投降。王稽又與諸侯私通而犯法被誅。依照秦國法律，保薦人也有連坐之罪，不過秦王優待范雎，不許人提起。秦王又不時表示憂慮楚國的強大，因而懷念戰無不勝的白起。這種種跡象，在思想、感覺極敏銳的范雎心裏自然已經敲響了警鐘——而有人就真的在這個時候，敲響了警鐘。

挑戰者是在《史記》裏與范雎同傳的蔡澤。

蔡澤是燕國人，多年來努力遊說諸侯以博取富貴，都未有所遇，這時便公開宣言：

「只要蔡澤一見到秦王，就必定會奪得丞相的寶座！」

范雎聽說後一笑：

「笑話！五帝三王的歷史，諸子百家的學說，誰人比我更熟？這些年來，誰人能夠在辯論上勝於我？他要搶我的位子？哼！憑什麼？」

好奇心，加上好勝心，盛氣凌人的既得利益者，終於還是會見了大言不慚的挑戰者。

「你要坐我的位置，是嗎？」

「對。」

「讓我聽聽你的高見。」

「唉，聰明的相公，為什麼這次這麼遲鈍？四季更替按次序，功成的就要離去。我請問丞相：四肢五官健康靈活，心思敏巧，這是不是每個人的願望？」

「唔。」

「品性好，道德高，事事順遂，人人擁戴，這不是每個聰明人的願望嗎？」

「這個當然。」

「大富大貴，一切都安排得好好的，自己又長命，又健康，天下都以他的標準為依歸，名聲響亮，傳得遠遠的，這不是頂尖人物的最高境界嗎？」

「哦，是的，是的。」

「照這樣說，秦的商君，楚的吳起，越的文種，他們那樣的結局，相公以為值得希冀嗎？」

聰明絕頂的范雎，知道蔡澤要引自己入圈套了。他微微一笑，講了一些連自己也不一定相信的門面話：

「他們的結局有什麼不好？商君公孫鞅，全心全意服事秦孝公，有功必賞，有罪必罰，自己承受了群眾的怨恨，而國家得到了最大的好處。吳起幫助楚悼王，公私分明，忠奸判別，嘴甜肚空的人沒法立足。大夫文種在國破君辱的時候，仍然效忠領袖，最後生聚教訓，復興越國，他也不自滿、不炫耀。總之，這三位偉人，可說是忠義的榜樣啊！君子視死如歸：有了光榮的名譽，死，又有什麼遺憾呢？」

蔡澤笑一笑，說：

「是的。忠孝而有才幹的臣子，遇到聖明而慈愛的君父，貞節的妻子，遇到誠信的丈夫，這當然是國與家的好福氣。不過，可惜現實往往並不如此。譬如說：比干忠心吧？保存不了殷商；伍員有智謀吧？保存不了吳國；申生孝順吧？結果晉國大亂。這就是因為只有忠臣

孝子而沒有明君聖父，結果就會以悲劇收場，只贏得天下一片同情的聲音。以這樣的君父為可恥，以這樣的臣子為可憐，但這對事情有什麼實際的幫助呢？如果一定要像這三位歷史名人這般，冤枉死了，然後可以樹為榜樣、成就美名，那隱居不仕的微子就不能被稱為仁人，教學終身的孔子就不能被稱為聖哲，功成而善終的管仲就不能被稱為偉大。老實說，誰不想建功立業、善始善終呢？名譽和生命都完整，這是最好不過的；其次，是不得終其天年，而名譽良好；最低下的一等，是苟全性命而名譽污損的。」

「對，你說的，也對。」

對方無法否認，甚至認同自己了。有了這個機會，蔡澤就繼續打動范雎：

「當然，商君、吳起、文種這幾位，又盡忠，又有功業，這是不錯的，不過，閎夭事奉文王，周公輔助武王，豈不也是既忠心又聖明嗎？以君臣關係來說，這兩批人，哪批比較好呢？」

「當然是後者。」

「那麼請問：依你看來，當今主上，在仁慈念舊、知人善任、親近有德、不棄功臣等方面，比起秦孝公、楚悼王、越王勾踐，怎麼樣？」

范雎謹慎地回答：

「也不容易確切比較吧。」

蔡澤趁勢進逼：

「坦白說，當今主上親近忠臣，未必超過上述三位人君；而論及替國君辦好政事、解除危難、富國強兵、揚威於萬里之外，千載之後，相公和商君、吳起、文種三位比較，又怎樣呢？」

「當然不能夠相比。」

范雎仍然謹慎地回答。

「那麼好了：相公的主上，在親信老臣、不忘故舊方面，不及那三位國君，相公自己的功績、親幸，又還未超過那三位大臣，但是，官位的顯赫、財富的豐厚，又超過他們，在這個時候，還不退隱，恐怕那危機就比他們三位更甚了！我真替你擔心呢！常言道：太陽過了正午，就往下轉移；月亮圓滿之後，就會虧缺；萬物達到極盛，就會衰退。這是天地的常規啊！順着時機的變化而進退，就是聖人所把握的常規。這個道理和古聖先賢說過的話，相公比我更清楚，我也不敢饒舌多講。現在相公的仇也報了，恩也報了，要得到的都已經得到，這個時候還不好好打算，恕我大膽地說，不是辦法啊！

「相公你看，飛禽走獸，往往為了貪吃最後那一口，而被人捕殺。蘇秦、智伯，一世聰明，就為了再多賺一點而慘淡收場。所以，自古聖人都講節制，不滿溢、不驕矜，才可以長久。這個道理，相公早已通透明白。昔日齊桓公糾合諸侯，首倡霸業，葵丘之會驕傲了，馬上有許多國家背叛他；吳王夫差，一度非常強盛，連齊晉這樣的大國他也看不起，結果轉眼間就殺身亡國；古代的大力士如夏育等人，一生叱咤風雲，最後

都死於常人之手：這都是因為他們知進不知退，貪勝不知輸啊！」

范雎愈聽愈入神，早已放棄辯駁。蔡澤於是給出最後的重擊——以一開始所提到的三大功臣以及范雎自己參與對付的白起為例，說明功成不退的可怕後果：

「商君替秦孝公修明法律，勸導對內努力農耕，對外奮勇作戰，於是秦國強盛，天下無敵，而自己卻落得車裂慘死！楚國地方數千里，精兵百萬，卻被秦將白起一舉攻破都城，再戰割去西部巴蜀、漢中的大片土地。白起又進攻強大的趙，長平一役，坑殺四十五萬趙軍；又包圍邯鄲，幾乎滅趙。趙與楚都是天下強國，秦的仇敵，從此都懾服在秦國之下；可是，一生攻下七十多座城池的白起自己，最後卻遭賜劍自盡。吳起替楚悼王修明法治，強化中央的威信，裁減無用的冗員，使得兵強國富，吞滅了陳、蔡、楊越，最後自己卻被肢解而死（按：其實是被楚國宗室大臣作亂射死）。文種幫越王勾踐生聚教訓，敗吳國，殺夫差，自己最後卻被忘恩的勾

踐殺了！

「相公你看，這四位大人物都是功成而不去，結果禍及於身，這就是所謂能伸而不能屈、知進而不知退！只有范蠡——也是姓范的——最聰明：越一滅了吳，他就飄然避世，轉行做了一個成功的商家——陶朱公。

「相公你看看那些賭徒吧：有些喜歡下重注，就是所謂『大投』，贏得大，輸得也慘；有些寧願積小勝為大勝，就是所謂『分功』，敗了，也不致輸得太慘。相公您高居秦國的相位，不離開坐席，一個計策，一個號令，就足以影響天下，威震六國。秦的霸業宏圖差不多達到了，相公的功勳，也崇隆極了，這不是『分功』的時刻嗎？在這個時候還不退隱，那下場就是商君、白起、吳起、文種之類了！

「我聽說，『用水來照，看到面貌；用人來照，知道吉凶』；《尚書》上說：『成功之下，不可久處。』相公何必要重複商君他們的歷史教訓呢！何不這時辭職隱居，優遊歲月，又保持美好的名譽，又享受清福，壽命也更長呢！

「《易經》說得好：『亢龍有悔。』變化神奇的龍，

升得太高，也會發生後悔莫及的事呢！相公好好考慮一下吧。」

　　——是的。四個下場悲慘的大功臣，兩個都在秦國。在翻臉不認人之前，越王勾踐對大臣們何嘗不誠懇禮待？否則文種怎會連范蠡勸他急流勇退的話也不聽？即使一向信任自己的君王不是忘恩負義的勾踐，誰知他不會在自己之前駕崩？自己位高權重，結怨必多，暗中妒恨自己的更不知有多少。楚悼王一死，吳起就被仇家群起射殺。吳起還能夠伏在悼王的遺體上，讓殺自己的人誤射王屍而族滅，自己可能連他那樣死後也能復仇的機會都沒有！這個姓蔡的，話實在講得合情合理，更真正講進了自己心裏！

　　范雎正因為學問好、歷史熟、世情洞達，所以更沒法不同意蔡澤的分析和提議。幾天之後，他就向秦昭王介紹蔡澤，看他們談得投契，就跟着稱病辭職，推薦蔡澤為繼任人，自己真的退隱林泉去了。

　　蔡澤的丞相癮只過了幾個月，就有人說他壞話。他就趕快辭職，改做一些閒散的官，平平安安過去了。

　　范雎既相秦，秦號曰張祿，而魏不知，以為范雎已死久矣。魏聞秦且東伐韓、魏，魏使須賈於秦。范雎聞之，為微行，敝衣閒步之邸，見須賈。須賈見之而驚曰：「范叔固無恙乎！」范雎曰：「然。」須賈笑曰：「范叔有說於秦邪？」曰：「不也。雎前日得過於魏相，故亡逃至此，安敢說乎！」須賈曰：「今叔何事？」范雎曰：「臣為人庸賃。」須賈意哀之，留與坐飲食，曰：「范叔一寒如此哉！」乃取其一綈袍以賜之。須賈因問曰：「秦相張君，公知之乎？吾聞幸於王，天下之事皆決於相君。今吾事之去留在張君。孺子豈有客習於相君者哉？」范雎曰：「主人翁習知之。唯雎亦得謁，雎請為見君於張君。」須賈曰：「吾馬病，車軸折，非大車駟馬，吾固不出。」范雎曰：「願為君借大車駟馬於主人翁。」

　　范雎歸取大車駟馬，為須賈御之，入秦相府。府中望見，有識者皆避匿。須賈怪之。至相舍門，謂須賈

曰：「待我，我為君先入通於相君。」須賈待門下，持車良久，問門下曰：「范叔不出，何也？」門下曰：「無范叔。」須賈曰：「鄉者與我載而入者。」門下曰：「乃吾相張君也。」須賈大驚，自知見賣，乃肉袒膝行，因門下人謝罪。於是范睢盛帷帳，侍者甚眾，見之。須賈頓首言死罪，曰：「賈不意君能自致於青雲之上，賈不敢復讀天下之書，不敢復與天下之事。賈有湯鑊之罪，請自屏於胡貉之地，唯君死生之！」范睢曰：「汝罪有幾？」曰：「擢賈之髮以續賈之罪，尚未足。」范睢曰：「汝罪有三耳。昔者楚昭王時而申包胥為楚卻吳軍，楚王封之以荊五千戶，包胥辭不受，為丘墓之寄於荊也。今睢之先人丘墓亦在魏，公前以睢為有外心於齊而惡睢於魏齊，公之罪一也。當魏齊辱我於廁中，公不止，罪二也。更醉而溺我，公其何忍乎？罪三矣。然公之所以得無死者，以綈袍戀戀，有故人之意，故釋公。」乃謝罷。入言之昭王，罷歸須賈。

須賈辭於范睢，范睢大供具，盡請諸侯使，與坐堂

上，食飲甚設。而坐須賈於堂下，置莝豆其前，令兩黥徒夾而馬食之。數曰：「為我告魏王，急持魏齊頭來！不然者，我且屠大梁。」須賈歸，以告魏齊。魏齊恐，亡走趙，匿平原君所。

（《史記‧范睢蔡澤列傳》，2413 頁）

　　將見昭王，使人宣言以感怒應侯曰：「燕客蔡澤，天下雄俊弘辯智士也。彼一見秦王，秦王必困君而奪君之位。」應侯聞，曰：「五帝三代之事，百家之說，吾既知之，眾口之辯，吾皆摧之，是惡能困我而奪我位乎？」使人召蔡澤。蔡澤入，則揖應侯。應侯固不快，及見之，又倨，應侯因讓之曰：「子嘗宣言欲代我相秦，寧有之乎？」對曰：「然。」應侯曰：「請聞其說。」蔡澤曰：「吁，君何見之晚也！夫四時之序，成功者去。夫人生百體堅彊，手足便利，耳目聰明而心聖智，豈非士之願與？」應侯曰：「然。」蔡澤曰：「質仁秉義，行道施德，

得志於天下，天下懷樂敬愛而尊慕之，皆願以為君王，豈不辯智之期與？」應侯曰：「然。」蔡澤復曰：「富貴顯榮，成理萬物，使各得其所；性命壽長，終其天年而不夭傷；天下繼其統，守其業，傳之無窮；名實純粹，澤流千里，世世稱之而無絕，與天地終始：豈道德之符而聖人所謂吉祥善事者與？」應侯曰：「然。」

蔡澤曰：「若夫秦之商君，楚之吳起，越之大夫種，其卒然亦可願與？」應侯知蔡澤之欲困己以說，復謬曰：「何為不可？夫公孫鞅之事孝公也，極身無貳慮，盡公而不顧私；設刀鋸以禁姦邪，信賞罰以致治；披腹心，示情素，蒙怨咎，欺舊友，奪魏公子卬，安秦社稷，利百姓，卒為秦禽將破敵，攘地千里。吳起之事悼王也，使私不得害公，讒不得蔽忠，言不取苟合，行不取苟容，不為危易行，行義不辟難，然為霸主強國，不辭禍凶。大夫種之事越王也，主雖困辱，悉忠而不解，主雖絕亡，盡能而弗離，成功而弗矜，貴富而不驕怠。

若此三子者，固義之至也，忠之節也。是故君子以義死難，視死如歸；生而辱不如死而榮。士固有殺身以成名，雖義之所在，雖死無所恨。何為不可哉？」

蔡澤曰：「主聖臣賢，天下之盛福也；君明臣直，國之福也；父慈子孝，夫信妻貞，家之福也。故比干忠而不能存殷，子胥智而不能完吳，申生孝而晉國亂。是皆有忠臣孝子，而國家滅亂者，何也？無明君賢父以聽之，故天下以其君父為僇辱而憐其臣子。今商君、吳起、大夫種之為人臣，是也；其君，非也。故世稱三子致功而不見德，豈慕不遇世死乎？夫待死而後可以立忠成名，是微子不足仁，孔子不足聖，管仲不足大也。夫人之立功，豈不期於成全邪？身與名俱全者，上也。名可法而身死者，其次也。名在僇辱而身全者，下也。」於是應侯稱善。

蔡澤少得閒，因曰：「夫商君、吳起、大夫種，其為人臣盡忠致功則可願矣，閎夭事文王，周公輔成王也，豈不亦忠聖乎？以君臣論之，商君、吳起、大夫種

其可願孰與閎夭、周公哉？」應侯曰：「商君、吳起、大夫種弗若也。」蔡澤曰：「然則君之主慈仁任忠，惇厚舊故，其賢智與有道之士為膠漆，義不倍功臣，孰與秦孝公、楚悼王、越王乎？」應侯曰：「未知何如也。」蔡澤曰：「今主親忠臣，不過秦孝公、楚悼王、越王，君之設智，能為主安危修政，治亂彊兵，批患折難，廣地殖穀，富國足家，彊主，尊社稷，顯宗廟，天下莫敢欺犯其主，主之威蓋震海內，功彰萬里之外，聲名光輝傳於千世，君孰與商君、吳起、大夫種？」應侯曰：「不若。」

蔡澤曰：「今主之親忠臣不忘舊故不若孝公、悼王、句踐，而君之功績愛信親幸又不若商君、吳起、大夫種，然而君之祿位貴盛，私家之富過於三子，而身不退者，恐患之甚於三子，竊為君危之。語曰『日中則移，月滿則虧』。物盛則衰，天地之常數也。進退盈縮，與時變化，聖人之常道也。故『國有道則仕，國無道則隱』。聖人曰『飛龍在天，利見大人』。『不義而富且貴，於我如浮雲』。今君之怨已讎而德已報，意欲至

矣，而無變計，竊為君不取也。且夫翠、鵠、犀、象，其處勢非不遠死也，而所以死者，惑於餌也。蘇秦、智伯之智，非不足以辟辱遠死也，而所以死者，惑於貪利不止也。是以聖人制禮節欲，取於民有度，使之以時，用之有止，故志不溢，行不驕，常與道俱而不失，故天下承而不絕。昔者齊桓公九合諸侯，一匡天下，至於葵丘之會，有驕矜之志，畔者九國。吳王夫差兵無敵於天下，勇彊以輕諸侯，陵齊晉，故遂以殺身亡國。夏育、太史噭叱呼駭三軍，然而身死於庸夫。此皆乘至盛而不返道理，不居卑退處儉約之患也。夫商君為秦孝公明法令，禁姦本，尊爵必賞，有罪必罰，平權衡，正度量，調輕重，決裂阡陌，以靜生民之業而一其俗，勸民耕農利土，一室無二事，力田蓄積，習戰陳之事，是以兵動而地廣，兵休而國富，故秦無敵於天下，立威諸侯，成秦國之業。功已成矣，而遂以車裂。楚地方數千里，持戟百萬，白起率數萬之師以與楚戰，一戰舉鄢郢以燒夷陵，再戰南并蜀漢。又越韓、魏而攻彊趙，北阬馬

服，誅屠四十餘萬之眾，盡之于長平之下，流血成川，沸聲若雷，遂入圍邯鄲，使秦有帝業。楚、趙天下之彊國而秦之仇敵也，自是之後，楚、趙皆懾伏不敢攻秦者，白起之勢也。身所服者七十餘城，功已成矣，而遂賜劍死於杜郵。吳起為楚悼王立法，卑減大臣之威重，罷無能，廢無用，損不急之官，塞私門之請，一楚國之俗，禁游客之民，精耕戰之士，南收楊越，北并陳、蔡，破橫散從，使馳說之士無所開其口，禁朋黨以勵百姓，定楚國之政，兵震天下，威服諸侯。功已成矣，而卒枝解。大夫種為越王深謀遠計，免會稽之危，以亡為存，因辱為榮，墾草入邑，辟地殖穀，率四方之士，專上下之力，輔句踐之賢，報夫差之讎，卒擒勁吳，令越成霸。功已彰而信矣，句踐終負而殺之。此四子者，功成不去，禍至於此。此所謂信而不能詘，往而不能返者也。范蠡知之，超然辟世，長為陶朱公。君獨不觀夫博者乎？或欲大投，或欲分功，此皆君之所明知也。今君相秦，計不下席，謀不出廊廟，坐制諸侯，利施三川，

以實宜陽，決羊腸之險，塞太行之道，又斬范、中行之塗，六國不得合從，棧道千里，通於蜀漢，使天下皆畏秦，秦之欲得矣，君之功極矣，此亦秦之分功之時也。如是而不退，則商君、白公、吳起、大夫種是也。吾聞之，『鑒於水者見面之容，鑒於人者知吉與凶』。書曰『成功之下，不可久處』。四子之禍，君何居焉？君何不以此時歸相印，讓賢者而授之，退而巖居川觀，必有伯夷之廉，長為應侯。世世稱孤，而有許由、延陵季子之讓，喬松之壽，孰與以禍終哉？即君何居焉？忍不能自離，疑不能自決，必有四子之禍矣。易曰『亢龍有悔』，此言上而不能下，信而不能詘，往而不能自返者也。願君孰計之！」

應侯曰：「善。吾聞『欲而不知〔足〕，失其所以欲；有而不知〔止〕，失其所以有』。先生幸教，睢敬受命。」於是乃延入坐，為上客。

（《史記‧范睢蔡澤列傳》‧2419 頁）

27 秦李斯　書諫雄君止逐客

「窮困，你的名字是悲哀！

卑賤，你的名字是污辱！」

——這兩句充滿了悲憤、不平，隱現了掙扎和鬥志，而又文藝腔十足的話，並非出於十七八世紀某歐洲文豪作品的中譯本，而是出自兩千多年前的一位極聰明、極奮進，後來成就極大，可惜終局也極悲慘的青年人之口。

這是戰國末期，李斯向老師荀子辭行時講的話。

李斯本是楚國人，少年時做過地方上的一個小職員。他辦公室的廁所，多的是老鼠，吃最污穢的東西，還常常被人擊殺，被貓犬追噬，實在淒苦。一板之隔的另一窩老鼠，卻高高在上——安居在米倉之上，乾爽清潔，食糧充足，人爬不到，狗撲不上。少年李斯看了，

就大為感慨：

「唉！人，就像老鼠，聰明不聰明，就看怎樣選擇處境！」

向——上——爬！

李斯從此就下定決心，不怕犧牲，排除萬難，去爭取更高的位置。

首先要增加自己的力量，那就是學識。他選擇了當時最好的老師——國際有名的、輩分和學問都極高的荀子。他和後來的法家大師、韓國的貴族公子、最後給他害死的韓非，同為大儒荀卿最優秀的弟子。

李斯要不顧一切地向上爬。那時的楚王是一塊扶不上牆的爛泥，其餘各國也都奄奄一息，值得把自己當作資本投下去的只有強盛無比的秦國。秦國像愈來愈紅的太陽，不斷地上升——從西方升起。李斯就決定奔向西方，向自己的錦繡前程進發。垂老的老師，對這名英銳的學生當然無可奈何，何況他的意志是如此堅決：

「時機是最重要的。不及時奮鬥，錯過了時機，就什麼都不用提了。」

要擺脫貧窮，要永離卑賤，李斯便奔向秦國，投靠當時最有權勢的大臣 —— 秦王嬴政的丞相和「仲父」—— 呂不韋。因為才能出眾（當然加上極工心計），不久便到了秦國權力結構層之巔。

那時秦還未盡滅六國。秦王嬴政以李斯為客卿 —— 客座政務專員、國策顧問、宮廷資政之類 —— 用他的謀略，以財帛和武力作為雙管齊下的利器，利誘脅迫各國政要私通秦國；待各國政權撬鬆得差不多了，就以精兵良將，攻城略地，六國漸漸變成這唯一的兇猛大貓面前的六隻病鼠。

當然，六國也不是沒有人才，人才也不是都不愛國，只是形勢一面倒，他們的才能就更顯得不足。譬如有次韓國派來一位水利專家做臥底 —— 也真可憐，並非有什麼進攻的陰謀，只是設法使秦國忙於修建引涇入洛的河渠，灌溉農田，而暫時無暇東侵這個緊貼強秦而國力又最小的韓國，並且即使出兵，也會被河渠所阻，不

致長驅直入而已。饒是如此，也被秦破獲了。秦國的宗室大臣，本來早就眼紅由各國而來爭飯碗的人，這時就乘機勸秦王說：

「大王，所謂血濃於水嘛。他們本來就對自己的祖國效忠，我們委以重任，讓他們知道了國家機密；雙重角色，一旦有利益衝突，怎麼辦？大王啊，我們秦國這樣強大，什麼人才沒有？何必要養這一大班信不過的家夥？乾脆把他們趕走吧！」

於是許多許多人——包括李斯——都要被驅逐出境。

沒有機會當面陳奏。那時君主已經高高在上，尤其在重用法家、強盛無比的秦國。其他任何人，都是那專制君主的婢僕，不配，也不能，在朝上面折廷爭。

於是，李斯精心寫了一封辭藻華麗而層次清晰、藝術性與邏輯性都極強的、洋洋灑灑的信，也就是著名的收在《史記》和《昭明文選》中的《諫逐客書》。

信分為四部分：由古證今，以彼例此，正面議

論，總結。通篇虛實相應，流暢通達，前兩大段尤其鋪排展衍，上承荀子的文風，下開漢賦的格局，歸納、演繹、類比，各種邏輯推理交替運用，足以服人且感人，是中國文學史上有名的作品。

開篇兩句提起全文：

「微臣聽說朝中官吏提議驅逐外來參政人員。個人以為，這是錯誤的。」

然後是一大段的「由古證今」：

「從前，秦穆公訪求賢士，西邊從戎人得到由余，東邊從宛地得到百里奚，從宋國迎得蹇叔，從晉國請得丕豹與公孫支。這五位本來都不是秦人，穆公用了他們，就併吞了二十個國家，在西戎之中做了霸王。

「秦孝公採用商鞅的法令，移風易俗，人民因此富庶，國家更加強盛，百姓樂於替政府服務，諸侯都親附、順服；俘虜了楚、魏的軍隊，領土擴充了千餘里，富強的國力一直影響到現在。

「秦惠王用張儀的計策，攻取了韓國三川之地，西邊併吞了巴蜀，北邊取得了上郡，南邊拿到了漢中，圈割了楚國整個九夷之地，控制了名城鄢、郢，東面佔據了成皋要衝。肥沃的土地為秦所有，六國的合縱由此打散，分別向西臣服秦國，功效也是一直影響到現在。

「秦昭王得到范雎，廢逐了權臣穰侯、華陽君，加強了權力核心的威力，杜絕了中央以外的利益集團，蠶食諸侯的土地，成就了秦國的帝業。

「以上四位秦國君主，都利用了外來人才的勞績。由此看來，外來人才並沒有對不起秦國；反過來，假使往日四位君主對這些外國人才拒而不納，疏遠外國人才而不加任用，那就會使秦國既沒有豐厚的利益，也沒有強大的威名。」

第二大段是「以彼例此」。李斯羅列了許許多多秦王身邊的珠寶、珍玩、音樂、寶劍、名馬——真個是「如數家珍」——並且還有本是各國美女的宮娥妃嬪：這一切好東西都不是秦產。跟着，筆鋒一轉，又說：如果一定要秦國土生土產，那麼上述各類好東西，就不能

為秦王所享有了。

李斯用的完全是辭賦作家的筆法，鋪張揚厲，但絕不平直、死板，調動起讀者高度的興趣。然後筆勢一轉：

「現在取人卻不是這樣。不問好不好，不論對不對，只要不是秦國土生，就要離去，只要是外來人客，就要驅逐。由此看來，貴國所重視的是聲色珠寶，所輕視的是人才百姓。這不是統治四海、制伏諸侯的辦法啊！」

是的，不能重物輕人，不能不用「外國產品」。由此進入精簡明暢的第三大段：

「土地廣大，物產才能豐富；疆域遼闊，人民才能眾多；武器充足，軍士打起仗來就特別勇敢。泰山不排斥任何一撮泥土，所以這樣高大；河海不放棄任何一條溪流，所以這樣深廣；偉大的君主不推辭歸附他的眾人，所以能夠成就他的功業。所以，土地沒有方位的差

別，人民沒有出生地的限制，四季都分別有所貢獻，不同的鬼神都分別降福，這就是五帝三王之所以能夠天下無敵的原因。現在卻要放棄人民，讓他們遷移並且充實別的國家，推辭人才，讓他們離開並且幫助別的君主，天下有才能的人退縮不再西來秦國，這就是所謂『借兵器給賊人，送糧食給盜匪』了！」

最後，是一個精簡的結語：

「好東西不是秦國出產的，很多；人才不是秦國土生的，很多。現在驅逐外來人才，助益了敵國，減少了自己的人力資源，增強了對方的實力，對內是自我弱化，對外是冤仇不解，想國家沒有危險，又怎麼行呢？」

秦王看了，立即改變主意，收回了逐客令，繼續重用外國人才，也更信任李斯——直到自己死去。

　　李斯者，楚上蔡人也。年少時，為郡小吏，見吏舍廁中鼠食不絜，近人犬，數驚恐之。斯入倉，觀倉中鼠，食積粟，居大廡之下，不見人犬之憂。於是李斯乃歎曰：「人之賢不肖譬如鼠矣，在所自處耳！」

　　乃從荀卿學帝王之術。學已成，度楚王不足事，而六國皆弱，無可為建功者，欲西入秦。辭於荀卿曰：「斯聞得時無怠，今萬乘方爭時，游者主事。今秦王欲吞天下，稱帝而治，此布衣馳騖之時而游說者之秋也。處卑賤之位而計不為者，此禽鹿視肉，人面而能彊行者耳。故詬莫大於卑賤，而悲莫甚於窮困。久處卑賤之位，困苦之地，非世而惡利，自託於無為，此非士之情也。故斯將西說秦王矣。」

（《史記‧李斯列傳》，2539頁）

會韓人鄭國來間秦，以作注溉渠，已而覺。秦宗室大臣皆言秦王曰：「諸侯人來事秦者，大抵為其主游間於秦耳，請一切逐客。」李斯議亦在逐中。斯乃上書曰：

　　臣聞吏議逐客，竊以為過矣。昔繆公求士，西取由余於戎，東得百里奚於宛，迎蹇叔於宋，來丕豹、公孫支於晉。此五子者，不產於秦，而繆公用之，并國二十，遂霸西戎。孝公用商鞅之法，移風易俗，民以殷盛，國以富彊，百姓樂用，諸侯親服，獲楚、魏之師，舉地千里，至今治彊。惠王用張儀之計，拔三川之地，西并巴、蜀，北收上郡，南取漢中，包九夷，制鄢、郢，東據成皋之險，割膏腴之壤，遂散六國之從，使之西面事秦，功施到今。昭王得范睢，廢穰侯，逐華陽，彊公室，杜私門，蠶食諸侯，使秦成帝業。此四君者，皆以客之功。由此觀之，客何負於秦哉！向使四君卻客而不內，疏士而不用，是使國無富利之實而秦無彊大之名也。

今陛下致昆山之玉，有隨、和之寶，垂明月之珠，服太阿之劍，乘纖離之馬，建翠鳳之旗，樹靈鼉之鼓。此數寶者，秦不生一焉，而陛下說之，何也？必秦國之所生然後可，則是夜光之璧不飾朝廷，犀象之器不為玩好，鄭、衛之女不充後宮，而駿良駃騠不實外廄，江南金錫不為用，西蜀丹青不為采。所以飾後宮充下陳娛心意說耳目者，必出於秦然後可，則是宛珠之簪，傅璣之珥，阿縞之衣，錦繡之飾不進於前，而隨俗雅化佳冶窈窕趙女不立於側也。夫擊甕叩缶彈箏搏髀，而歌呼嗚嗚快耳（目）者，真秦之聲也；鄭、衛、桑閒、昭、虞、武、象者，異國之樂也。今棄擊甕叩缶而就鄭衛，退彈箏而取昭虞，若是者何也？快意當前，適觀而已矣。今取人則不然。不問可否，不論曲直，非秦者去，為客者逐。然則是所重者在乎色樂珠玉，而所輕者在乎人民也。此非所以跨海內制諸侯之術也。

臣聞地廣者粟多，國大者人眾，兵彊則士勇。是以太山不讓土壤，故能成其大；河海不擇細流，故能就其

深：王者不卻眾庶，故能明其德。是以地無四方，民無異國，四時充美，鬼神降福，此五帝、三王之所以無敵也。今乃棄黔首以資敵國，卻賓客以業諸侯，使天下之士退而不敢西向，裹足不入秦，此所謂「藉寇兵而齎盜糧」者也。

夫物不產於秦，可寶者多；士不產於秦，而願忠者眾。今逐客以資敵國，損民以益讎，內自虛而外樹怨於諸侯，求國無危，不可得也。

（《史記·李斯列傳》，2541 頁）

28 漢陸賈　智安南越救蒼生

　　許多廣東人可能都要感謝一位陸先生：由於他的努力，才使他們的千萬祖先，免於在兵燹中枉死。

　　許多中國人可能要對古代的這位陸先生表示愧悔：他們的許多災難、許多錯誤，正是由於忘記、疏忽了他的一句話：

　　「居馬上得之，寧可以馬上治之乎？」

　　這句猶如暮鼓晨鐘、對所有統治者都極具警醒作用的話，當初是對漢高祖說的。以刀兵獲得政權的開國之君，在成功之後最容易自我膨脹，最容易忘記什麼是「逆取順守」。劉邦以一個布衣無賴，竟然做了「漢高祖」，難怪古人相信他是天命所歸。他自己可能更相信是天命所歸，於是躊躇滿志，放任了本來就極濃重的市井氣與流氓氣。他讀書極少，所以面對讀書人也就自

卑而又自大；既登大寶，更加覺得讀書沒有什麼用處。那些儒生謙謙謹謹、迂迂腐腐、惶惶恐恐的，劉邦一看就有氣。好幾次甚至喝令他們過來，除下帽子，給他撒尿在裏面。偏偏他比較尊重的陸賈，講話也常是引經據典，有一次，劉邦又不耐煩了，就罵道：

「你老子的天下是在馬上打回來的，讀什麼破書！」

陸賈不慌不忙、平心靜氣地反問：

「不錯，天下是在馬上打回來的，但是，天下可以在馬上治理嗎？」

好個劉邦！不愧是開國之君。他是市井氣質，他是賭徒性格，不過，頂撞得恰到好處，他還是可以在緊要關頭醒悟過來。來一個急剎車，一個急轉彎。此刻，他就黑着臉，讓陸賈「教訓」下去：

「從前商湯、周武王也是逆着君臣之序，用軍事鬥

爭，得到了天下。不過，他們成功之後，卻不再搞鬥
爭，而是搞建設，順着民心民情，大搞建設。武功以取
天下，文治以安天下，要長治久安，不搞建設，行嗎？」

劉邦不自覺地點了好幾次頭，耐心地聽下去。

「從前吳王夫差、晉國最有勢力的貴族首領智伯，
何嘗不是似天下無敵？結果都滅亡了。秦併吞六國，以
刑法之威震懾天下，結果給趙高一搞，就自己垮掉了。
陛下想想：如果當初嬴秦統一之後，就施行仁義，肯學
學古聖先王，陛下還能夠取得這個天下嗎？」

問得好。問得有道理。

「好吧。就麻煩你多講一點兒道理。陸先生，請你
寫點東西，關於秦朝為什麼滅亡，我為什麼得天下，以
至古今國家成敗的關鍵所在給我看看。」

陸賈就寫了十二篇有關這個問題的論述。每呈上

一篇，劉邦都叫好，左右的人當然也跟着大聲叫好，有人甚至忘形地高呼萬歲，以歌頌皇帝的風度、智慧。於是集合成書，稱為《新語》。

＊　　＊　　＊

漢高祖十一年，天下大定，中國人實在太勞苦了，聰明的劉邦也知道不能再用兵。那時僻遠的南海、桂林、象郡等地方——就是現在兩廣以至越北一帶——都給原本是趙地真定人的趙佗佔據了。他早已自立為「南越王」。高祖就派陸賈攜同印璽，乾脆正式封贈他。這是公元前 196 年。

趙佗大模大樣地坐在席子上，伸直了兩腳，帽子也不戴，頭上盤了一個髻——想想後來日本武士時期那些藩主可能就是那個樣子——接見陸賈。

「大王是中國人，親戚兄弟、墳墓都還在真定。現在大王放棄了冠帽衣帶，想以小小的南方一角，與廣大中原的天子對抗，恐怕會有大禍！」

趙佗聽陸賈這麼一說，就坐直了身子。

「大王您看秦朝失敗了，天下豪傑競逐，只有我們漢王能夠先入關中，佔了咸陽。項羽違背盟約，自立為西楚霸王，強大得不得了，我們漢王又從巴蜀起來，幾年間就平定天下。這不是天意，是什麼呢？我們大可以乘勢打下南方來，聲討你們當初沒有追隨漢室的罪，收拾你們這一角。不過，老百姓大概也需要休息了，所以就派我來，帶了印信，希望大王同意與中央政府建立良好關係。否則，衝突起來，中央就會焚燒大王先人的墳塚，平滅大王的宗族，再派一名將領，帶十萬兵馬，南下征討，到那時，恐怕你們南越就有人殺了君王，降服中央了！」

趙佗臉色漸漸變了，端端正正地坐了起來，說：

「對不起，在野蠻地方住久了，禮貌也忘記了——啊，是了，比起你們的蕭何、曹參、韓信，我和他們，誰更能幹？」

「似乎是大王更能幹一點吧。」

「我和皇帝呢?」

「恐怕難以比較,也不必比較吧。皇帝是天命所歸。大家都知道當今天子,本是豐沛的一介平民,起來討伐殘暴的秦,打敗強橫的楚,替天行道,繼承五帝三王的功業,從此數以億計的中國人民,縱橫萬里的中國土地,由一姓一家所統治,這是天地開闢以來從未有過的偉大局面啊!比起來,大王現在不過統治着幾十萬不大開化的人,山海崎嶇,不過是大漢的一個郡罷了!怎可以──也何必──和大漢較量呢?」

趙佗哈哈大笑,說:

「其實,我不在中國發展,所以便做這裏的君王了。如果當初我在中國,又有哪些地方不及漢朝呢?罷了,罷了!大概真是天意吧。我們還是不要再搞對立、搞抗爭了。來來來!讓我和你飲個痛快,談個痛快!這裏的人,能跟我談的太少了!陸先生來了,我每天都有新話題,都能聽到新東西,真是好!」

陸賈就被挽留了好幾個月，臨走還得到許多珍貴的禮物。漢高祖也因為趙佗和平歸順而十分欣喜，拜陸賈為太中大夫。

＊　　＊　　＊

高祖不久駕崩，繼任的惠帝孤弱無能，呂太后當權，想封自己娘家的人為王，又怕大臣反對。陸賈看看情況不對，又自量無力抗爭，就稱病退休，選了一處好田土，把當初趙佗所送的禮物變賣，得了千金，平均分配給五個兒子，叫他們拿去投產增值，自負盈虧，並且約定老太爺要坐着一輛四匹大馬的安樂車子，帶十名隨從和歌舞人員，以及價值百金的寶劍，輪流住在五個兒子家。一切支出，由兒子供應。每次不超過十天，每年不超過三次——所謂「數見不鮮」，見得太多，彼此就都會厭倦——這樣周而復始，將來死在哪一家，大車、寶劍、僕從，就歸哪一家所有。剩下半年的日子，老太爺會到其他地方，探探朋友，就不麻煩五個孩子了。

　　——好個陸賈！真正世事洞明、人情練達，連父子之間的道理，也通透得不得了！

　　　　　　＊　　＊　　＊

　　呂氏家族聲勢愈來愈盛，眼看就要劫持少主，篡奪劉家天下了。右丞相陳平十分憂心，又怕禍及於己，常常閉戶深思。陸賈探望他，便被請入內室，款款深談。陸賈提醒陳平：

　　「天下安定，關鍵在丞相；天下動亂，關鍵在大將。將相和合，人才就會歸附，即使有變亂，也不會危及政權根本。現在事情的關鍵就在於你們將相兩位能否合作。我已經和太尉周勃提起了好幾次，他總以為我是說笑，大概是我的分量不夠吧。丞相何不主動與太尉交好，密切合作呢？」

　　陳平於是藉機備了五百金的厚禮，辦了豐盛的筵席，送給周勃；周勃大為感動，也照樣還禮。從此兩人來往親切，呂家的陰謀便難以得逞。陳平為了酬謝陸賈，便送了他一百名婢僕、五十乘車馬、五百萬錢。陸賈從此更以清貴之身，往來公卿之間，名氣極響。

呂后臨朝第四年（即惠帝四年，前 191 年），有人奏請停止與南越交易，特別是禁運鐵器。趙佗大怒，認定是北鄰長沙王想藉此弱化南越，以便吞併。於是自加尊號為「南越武帝」，發兵攻打長沙，打下了幾個縣城。呂后派兵南下，怎知山路崎嶇難行，天氣又熱又濕，中原將士水土不服，紛紛病倒。不久，呂后自己也病死了，諸呂被陳平、周勃等大臣誅平，南征的事，也就不了了之。趙佗乘機脅誘閩越（即現在福建以至浙江南部）歸為屬國，勢力大張，自己也就擺足皇帝的儀仗架式，威風起來了。

公元前 179 年，漢朝大臣擁立文帝劉恆。文帝因為稟性仁厚謙下，又自知得位僥倖，加以洞察時勢需要，便聰明地採行無為而治的黃老之道，與民休息，以恢復社會的元氣。內政外交，都以妥協息爭為尚。對於南越，他先派人到真定，設立專門機構，負責趙佗祖墳的祭祀、維修；又把趙佗的叔伯兄弟找來，都給以高官厚祿；又請教陳平丞相：誰是派往南越的最佳使者──當然又是陸賈了。

於是，趙佗喜氣洋洋地接見他十七八年沒見的老朋友，也喜氣洋洋地閱讀漢文帝的親筆書信——語氣當然是皇帝的，意思裏一定有陳平、陸賈的高見在：

「皇帝誠懇地問候南越王安好！精神勞苦了！

「朕是高皇帝偏房的兒子，被捨棄到外邊，在代地做北方的屏藩。路太遠了，自己又閉塞樸實，一向不曾寫信給您。

「高皇帝捨棄了群臣，孝惠皇帝也去世了，高后親自臨朝，不幸有病，以致政治上也有急躁差錯的地方。呂氏一族乘機亂來，高后一個人控制不了，甚至拿了別家孩子當作孝惠皇帝的子嗣，幸虧靠着祖宗的威靈、功臣的努力，把亂黨都誅滅了。

「因為王侯、官吏們不讓朕推辭君位，只好勉力為之。聽說您寫信給將軍隆慮侯，要找尋親兄弟，並且罷免長沙兩位將軍，這些朕都照辦了。您在真定的祖墳，早已派人修好。前些時候，聽說您派人攻打邊界，長沙、南郡的百姓好苦！不過，難道您治下的人民就好過嗎？如果一定要殺許多士卒、傷許多將領，害得人家變

成孤兒寡婦，父母臨老沒有兒子供養，這樣的壞處十倍於打仗得來的好處，朕是絕不忍心做的（仗，可以不打就不打吧）。朕想把長沙和南越之間交叉的邊界調整一下（有爭執的地方就都讓給您吧），可是負責的官吏們說：『這是高皇帝定下的疆界。』朕又怎好隨便變更呢？他們又說：『中國已經夠大了，得到南越的土地，也大不了多少，得到南越的財寶，也富不了多少。』那麼，服嶺（大庾嶺）以南，就由您管理吧。

「問題只有一點：朕是皇帝，您的稱號也是皇帝，兩個皇帝並立，沒有一個起碼的使者溝通往來，那就有爭執了！爭執而不能禮讓，這不是仁者所為啊！朕願意和您一同放棄以前不愉快的記憶，從今以後，照舊互通使者。這次就派陸賈趕來表達朕的心意，希望您也能接受朕的建議，以後不要打過來了。

「上等厚錦衣五十件，中等的三十件，薄一點的也是三十件，都送給您（穿着這些，就好像在北方真定家鄉度歲了）。祝願您身體健康，聽聽音樂，放鬆心情，和鄰國友好相處。」

趙佗看了這封謙厚誠懇的信，實在感動得不得了，就下令說：「漢皇帝是賢天子，從今以後，我們就去掉帝號和排場吧。」於是寫了一封回信，說：

　　「野蠻人的首領，老臣趙佗，冒着死罪，再拜上書皇帝陛下：

　　「老夫本是中央派來南越的一個官吏，承蒙高皇帝賞給王爵的印璽，封為外臣，按時進貢。孝惠皇帝即位，也沒有棄絕老夫，賞賜仍然豐厚。到高后臨朝，親信小人，把我們真的當作野蠻人而分別看待，下命令說：『銅鐵、農具、馬、牛、羊，都不賣給他們。即使要賣牲畜，也只賣公的，不賣母的！』老夫住在這個僻遠的地方，馬牛羊都漸漸衰老了。有公沒母，不能繁殖，祭祀就不能齊備，變成不敬鬼神，叫我們怎麼辦呢？曾經派過三名使者，上書謝罪，怎知都不放回來。又聽說老夫父母的墳墓都給毀壞了；兄弟和族人，都給論罪處死了。手下的官吏便商議說：『現在我們在漢朝沒有什麼作為了，對外又沒有與人不同、比人高明的地方，怎麼辦呢？』於是我們便變更稱號為『帝』——其實也不過是

關了門自己叫叫，並不是要和誰過不去啊！高后就大大冒火，削去了南越的國籍，真把我們當作野蠻的外邦人了。又斷絕了和我們的往來，老夫懷疑是長沙王講下臣的壞話，所以派兵打打他們邊界，教訓一下而已。

「再說吧，南方土地又低又濕，蠻夷之中，西邊的西甌（廣西）有一半人都是屠屠弱弱的，東邊的閩越（福建）不過幾千人罷了，他們兩邊都已自稱為王。最好笑的是西北那個長沙，一半是真真正正的野蠻人，他們的頭兒也學人家稱王呢！所以老夫也偷偷地稱帝一番，自己玩玩罷了。

「老夫親身平定下來的地方，有百餘個城邑，東南西北幾千上萬里，帶甲的士兵也有百餘萬，然而老夫仍然北面奉漢為君，為什麼呢？不敢背棄自己的祖先罷了。老夫在南越四十九年，現在已經抱孫子了。不過，老夫還是早早起來，晚晚才睡。睡不安寧，吃不下飯，好東西不願看，好音樂不願聽——為什麼呢？就是不能效忠於自己的國家，不安樂嘛！

「現在陛下可憐老夫，恢復了老夫的稱號，派人來聯絡，老夫就是死，骨頭也不腐朽了。老夫決定，立即

就去除帝號，仍然對漢北面稱臣。

「趁着使者方便，送上白璧一雙、翠羽千尾、犀牛角十支、紫貝五百個、桂蠹一瓶、活的翠鳥四十對、孔雀兩隻。

「冒着死罪，再拜稟告皇帝陛下。」

於是皆大歡喜，南越和中央從此和諧共處。

高祖使陸賈賜尉他印為南越王。陸生至，尉他魋結箕倨見陸生。陸生因進說他曰：「足下中國人，親戚昆弟墳在真定。今足下反天性，棄冠帶，欲以區區之越與天子抗衡為敵國，禍且及身矣。且夫秦失其政，諸侯豪桀並起，唯漢王先入關，據咸陽。項羽倍約，自立為西楚霸王，諸侯皆屬，可謂至彊。然漢王起巴蜀，鞭笞天下，劫略諸侯，遂誅項羽滅之。五年之閒，海內平定，此非人力，天之所建也。天子聞君王王南越，不助天下誅暴逆，將相欲移兵而誅王，天子憐百姓新勞苦，故且休之，遣臣授君王印，剖符通使。君王宜郊迎，北面稱臣，迺欲以新造未集之越，屈彊於此。漢誠聞之，掘燒王先人冢，夷滅宗族，使一偏將將十萬眾臨越，則越殺王降漢，如反覆手耳。」

於是尉他迺蹶然起坐，謝陸生曰：「居蠻夷中久，殊失禮義。」因問陸生曰：「我孰與蕭何、曹參、韓信

287

賢？」陸生曰：「王似賢。」復曰：「我孰與皇帝賢？」陸生曰：「皇帝起豐沛，討暴秦，誅彊楚，為天下興利除害，繼五帝三王之業，統理中國。中國之人以億計，地方萬里，居天下之膏腴，人眾車轝，萬物殷富，政由一家，自天地剖泮未始有也。今王眾不過數十萬，皆蠻夷，崎嶇山海閒，譬若漢一郡，王何乃比於漢！」尉他大笑曰：「吾不起中國，故王此。使我居中國，何渠不若漢？」迺大說陸生，留與飲數月。曰：「越中無足與語，至生來，令我日聞所不聞。」賜陸生橐中裝直千金，他送亦千金。陸生卒拜尉他為南越王，令稱臣奉漢約。歸報，高祖大悅，拜賈為太中大夫。

　　陸生時時前說稱詩書。高帝罵之曰：「迺公居馬上而得之，安事詩書！」陸生曰：「居馬上得之，寧可以馬上治之乎？且湯武逆取而以順守之，文武並用，長久之術也。昔者吳王夫差、智伯極武而亡；秦任刑法不變，卒滅趙氏。鄉使秦已并天下，行仁義，法先聖，陛下安得而有之？」高帝不懌而有慚色，迺謂陸生曰：「試為我

著秦所以失天下，吾所以得之者何，及古成敗之國。」陸生迺粗述存亡之徵，凡著十二篇。每奏一篇，高帝未嘗不稱善，左右呼萬歲，號其書曰「新語」。

孝惠帝時，呂太后用事，欲王諸呂，畏大臣有口者，陸生自度不能爭之，迺病免家居。以好畤田地善，可以家焉。有五男，迺出所使越得橐中裝賣千金，分其子，子二百金，令為生產。陸生常安車駟馬，從歌舞鼓琴瑟侍者十人，寶劍直百金，謂其子曰：「與汝約：過汝，汝給吾人馬酒食，極欲，十日而更。所死家，得寶劍車騎侍從者。一歲中往來過他客，率不過再三過，數見不鮮，無久慁公為也。」

呂太后時，王諸呂，諸呂擅權，欲劫少主，危劉氏。右丞相陳平患之，力不能爭，恐禍及己，常燕居深念。陸生往請，直入坐，而陳丞相方深念，不時見陸生。陸生曰：「何念之深也？」陳平曰：「生揣我何念？」陸生曰：「足下位為上相，食三萬戶侯，可謂極富貴無欲矣。然有憂念，不過患諸呂、少主耳。」陳平曰：「然。

為之奈何？」陸生曰：「天下安，注意相；天下危，注意將。將相和調，則士務附；士務附，天下雖有變，即權不分。為社稷計，在兩君掌握耳。臣常欲謂太尉絳侯，絳侯與我戲，易吾言。君何不交驩太尉，深相結？」為陳平畫呂氏數事。陳平用其計，迺以五百金為絳侯壽，厚具樂飲；太尉亦報如之。此兩人深相結，則呂氏謀益衰。陳平迺以奴婢百人，車馬五十乘，錢五百萬，遺陸生為飲食費。陸生以此游漢廷公卿閒，名聲藉甚。

（《史記‧酈生陸賈列傳》，2697 頁）

上召賈為太中大夫，謁者一人為副使，賜佗書曰：「皇帝謹問南粵王，甚苦心勞意。朕，高皇帝側室之子，棄外奉北藩于代，道里遼遠，壅蔽樸愚，未嘗致書。高皇帝棄群臣，孝惠皇帝即世，高后〔自〕臨事，不幸有疾，日進不衰，以故誖暴乎治。諸呂為變故亂法，不能獨制，乃取它姓子為孝惠皇帝嗣。賴宗廟之靈，功臣

之力，誅之已畢。朕以王侯吏不釋之故，不得不立，今即位。乃者聞王遺將軍隆慮侯書，求親昆弟，請罷長沙兩將軍。朕以王書罷將軍博陽侯，親昆弟在真定者，已遣人存問，脩治先人冢。前日聞王發兵於邊，為寇災不止。當其時長沙苦之，南郡尤甚，雖王之國，庸獨利乎！必多殺士卒，傷良將吏，寡人之妻，孤人之子，獨人父母，得一亡十，朕不忍為也。朕欲定地犬牙相入者，以問吏，吏曰『高皇帝所以介長沙土也』，朕不得擅變焉。吏曰：『得王之地不足以為大，得王之財不足以為富，服領以南，王自治之。』雖然，王之號為帝。兩帝並立，亡一乘之使以通其道，是爭也；爭而不讓，仁者不為也。願與王分棄前患，終今以來，通使如故。故使賈馳諭告王朕意，王亦受之，毋為寇災矣。上褚五十衣，中褚三十衣，下褚二十衣，遺王。願王聽樂娛憂，存問鄰國。」

陸賈至，南粵王恐，乃頓首謝，願奉明詔，長為藩臣，奉貢職。於是下令國中曰：「吾聞兩雄不俱立，

兩賢不並世。漢皇帝賢天子。自今以來,去帝制黃屋左纛。」因為書稱:「蠻夷大長老夫臣佗昧死再拜上書皇帝陛下:老夫故粵吏也,高皇帝幸賜臣佗璽,以為南粵王,使為外臣,時內貢職。孝惠皇帝即位,義不忍絕,所以賜老夫者厚甚。高后自臨用事,近細士,信讒臣,別異蠻夷,出令曰:『毋予蠻夷外粵金鐵田器;馬牛羊即予,予牡,毋與牝。』老夫處辟,馬牛羊齒已長,自以祭祀不脩,有死罪,使內史藩、中尉高、御史平凡三輩上書謝過,皆不反。又風聞老夫父母墳墓已壞削,兄弟宗族已誅論。吏相與議曰:『今內不得振於漢,外亡以自高異。』故更號為帝,自帝其國,非敢有害於天下也。高皇后聞之大怒,削去南粵之籍,使使不通。老夫竊疑長沙王讒臣,故敢發兵以伐其邊。且南方卑溼,蠻夷中西有西甌,其眾半羸,南面稱王;東有閩粵,其眾數千人,亦稱王;西北有長沙,其半蠻夷,亦稱王。老夫故敢妄竊帝號,聊以自娛。老夫身定百邑之地,東西南北數千萬里,帶甲百萬有餘,然北面而臣事漢,何也?

不敢背先人之故。老夫處粵四十九年，于今抱孫焉。然
夙興夜寐，寢不安席，食不甘味，目不視靡曼之色，耳
不聽鍾鼓之音者，以不得事漢也。今陛下幸哀憐，復故
號，通使漢如故，老夫死骨不腐，改號不敢為帝矣！謹
北面因使者獻白璧一雙，翠鳥千，犀角十，紫貝五百，
桂蠹一器，生翠四十雙，孔雀二雙。昧死再拜，以聞皇
帝陛下。」

(見《漢書‧西南夷兩粵朝鮮傳》，班固撰：《漢書》，3849 頁，北京：
中華書局，1962 年)

29　漢鄒陽　鋪陳典實説梁王

　　現在的人，對古代不是那麼尊重了；不過還是應
該相信：鑒往可以知來，前事不忘，後事之師。現代的
政治領袖，不那麼容易大權獨攬，一念之間就決定人家
的生死；不過，要他改變心意，歷史上的實證還是有效
的說服方法。

　　中國古人崇尚文章、敬信經驗，要說動君主，特
別是書面陳奏，少不了用華言美辭以動人之情、鋪陳古
典以服人之心。從戰國到漢初，風氣都是如此。鄒陽著
名的《獄中上梁王書》就是一例。

　　漢初也是「一國兩制」——不過並非在經濟上而是
在政治上：諸侯分立的「封建」與中央直轄的「郡縣」
並行。那時，不是劉氏宗室不能封王。不過，中央與諸
侯雖說是宗親，本質上還是會有權力衝突；漢景帝時以
驕橫的吳王濞為首的「七國之亂」，就是由此而起。景
帝做太子時，因賭博爭執打死了吳王的兒子，以及即位

後採行晁錯奏請的削藩政策，只是遠近兩條導火線。

　　吳王起事，極力諫阻而失敗的門客鄒陽就去投奔梁孝王。孝王與景帝是同胞兄弟，感情極好，與竇太后尤其母子情深。七國之亂，梁當然極力護漢拒吳，立了大功。亂平之後，帝室寵賜更厚。梁王的排場儀仗，幾乎與天子相同；珠寶財富，比京師更加豐盛。一次宴飲之後，景帝甚至失言，說要傳位於他，以盡兄弟之情。梁孝王蓋了一所方圓三百多里的超級花園別墅，稱為「兔園」，招納四方賓客、文士。鄒陽和其他著名大作家如司馬相如、枚乘、嚴忌等都在其中。當時景帝尚未定太子，梁孝王就託母后表達願做繼承人的強烈意願，並且請求建設特別通道，從梁國直達太后的長樂宮。大臣袁盎等以不合體制為由極力反對，於是沒有建成。後來景帝立劉徹為太子——就是後來的漢武帝——梁孝王因此十分憤恨失望，便聽從佞臣羊勝、公孫詭的話，派人刺殺袁盎以及其他議臣十多人，並且企圖越軌。這件事情極隱密，知道的人也大都不敢諫阻，只有鄒陽忠言逆耳，惹得梁王大怒；一向妒忌鄒陽的羊勝、公孫詭兩個「同鄉」更乘機大肆讒毀，鄒陽被下獄，旦夕之間

便要處死了，於是他便寫了這封信。

＊　　　＊　　　＊

「『忠心的，一定有報答；信實的，不會被懷疑』，
這句流行的話，我一向相信——原來只不過是空話！」

——信一開頭便提出問題，引人注意。從戰國到
漢初，是君主趨向集權的時代，是遊士、任俠遺風未泯
的時代，「忠信」被認為是極高貴的品德。鄒陽劈空提
出一個流行理念：「忠無不報，信不見疑」，並且立即
質疑它是否仍然正確；如果不正確，社會秩序、君王權
位靠什麼維持？如果正確，為什麼歷史上有無數「信而
見疑，忠而被謗」的悲慘例子——並且，自己也快成為
另一個例子？荊軻為燕太子丹行刺秦王，精誠所至，白
虹貫日；衞先生為白起請求秦昭王增兵糧以滅趙，太白
金星也受感動而侵入代表趙國的昴星範圍。可惜太子丹
一度懷疑荊軻猶豫不去，秦昭王也不肯完全信任白起，
於是天象感動也沒有用，荊軻、白起還是落得悲慘的下

場。這些震撼人心的事例，在天人感應、陰陽災異學說流行的當時，對喜好文史、篤信讖緯的梁王，是很有影響力的。

梁王便立即看下去——一大批忠信而被殘害的例子：再三獻玉而被斷足的卞和，盡忠秦朝而受五刑慘死的李斯，佯狂避世的箕子、接輿，被紂王剖心的比干，被主君夫差逼死、棄屍在革囊裏丟進錢塘江中的伍員……歷史是否重演，就看梁王能不能深思熟慮了。

第二段同樣用「常言有道」開始：「白頭如新，傾蓋如故。」不投契的，相交到老，情誼還是淺薄得像剛剛相識；投契的，剛剛相識，卻可以互信互愛，像是多年知己。君臣之間也是如此。秦將樊於期一逃到燕國，便奉上自己的頭顱由荊軻交給太子丹，以便取信於秦而行刺；去齊之魏的齊臣王奢登上魏城自殺，以解除齊軍攻魏的藉口；蘇秦最後被各國懷疑，只有燕王對他始終信任，他也就對燕國守信而死；中山將領白圭亡失六城，逃罪入魏，受了魏君厚待，便反過來替魏國征服了中山。可見君臣之間，不在乎關係久暫，最重要是彼此肝膽相照。

這件事最大而又最容易出現的障礙，便是中間的人的妒忌。鄒陽又以另一句精警的斷語，展開了第三段：「女無美惡，入宮見妒；士無賢不肖，入朝見嫉」──女人，不論美醜，只要被選入宮，就會被人嫉妒；男人，不論賢愚，只要選入朝，就會被人眼紅。這句話，真是行諸古今中外而不移！鄒陽舉了許多古人古事，來證明這個可悲的道理：在宋國受了臏刑的司馬喜，到中山做了賢相；在魏國被打得斷肋折齒的范雎，到秦被封為應侯。他們當初都是堅守自己所信的正確原則，不拉幫結派，獨往獨來，所以逃不了被妒忌的命運。妒忌逼死了無數古今賢人，殷末的申徒狄、周末的徐衍，都是跳河投海，悲憤自殺。另一方面，百里奚乞食路上，最後得到秦穆公的重用；甯戚在車下餵牛，結果獲得齊桓公的賞識。他們兩位豈是靠官做得久，人脈豐富、眾口交薦的嗎？所以，人主最要緊是有明辨的眼光，有誠摯的情意，那樣就什麼人也不能離間了。

　　最重要是不可錯誤地偏聽偏信。鄒陽又以「偏聽生奸，獨任成亂」的名句展開了第四段。佞臣讒諛，連孔子、墨翟那樣的大賢，也一樣成為受害者：因為「眾口

鑠金，積毀銷骨」——金屬，也會被人們的臭嘴熔化；骨頭，也會被長期的毀謗銷蝕！在這個後來成為中文成語的精警語句之後，又是一大串故事、例子——在後人讀來，未免會覺得太多；而在崇尚辭賦式鋪排的當時，在喜愛文史的梁孝王看來，可能正對胃口。這些典例，都是君臣相處相信之道的歷史教訓，對早已是藩主而時時刻刻想做皇帝的梁孝王來說，實在適合，而且也可見鄒陽危在旦夕，仍然不忘盡進忠言，斟酌損益，希望他所效忠的領袖能夠以明舉人，以誠感人，得到臣下的以死相報，而不是眾叛親離。

信寫完了第四段，又筆鋒一轉，暫時不用典故，而用一些生動的假設，吸引讀者看下去：一班人帶劍夜行，步步為營之際，忽然一顆光芒四射的東西，一個璀璨耀目的物件，被投擲過來——原來是明月之珠、夜光之璧！

誰去撿拾？

沒有人。至少沒有人會不顧一切，立即就去撿拾。至少要看一看，想一想。所有人都會立即按着劍柄，警戒地斜眼察看：究竟是什麼人？搞什麼鬼？相

反，奇形怪狀、盤結彎曲、沒有一點兒地方正直的樹根木頭，倒成為天子的玩物。為什麼呢？就因為有左右的人，替它們塗脂抹粉，誇讚介紹它們啊！事情是如此，難怪許許多多貧寒、孤獨的才德之士，終至窮賤而死！所以聰明的領袖，要如經驗獨到的工匠一般，運轉陶鈞，而不受他人干擾——選擇信誰的話和不聽誰的話是極重要的：以秦王嬴政的英明，誤信了中庶子蒙嘉的話而接見荊軻，幾乎被刺而死；反之，周文王在渭水之濱很偶然地碰到呂尚，就賞識他，邀請他同車回去，而開創了周朝的天下。可悲的是：現在許多君主都陷溺在阿諛奉承的假、大、空話之中，被寵幸的佞臣包圍、牽制，難怪忠貞耿介的人，要像春秋時代的鮑焦一般，悲憤地抱着樹木絕食而死。

這是第五段，申明一個道理：沒人推介，不等於沒有才華，更不等於不忠不信，一切在於為人君者的明辨、抉擇。

如果勸諫過了，君主還是看錯了、選錯了，忠信之士該怎麼辦？會放棄原則、放棄榮譽，「識時務」地追隨諂諛小人的集團，以保利祿富貴嗎？不！絕不！鄒

陽在信的最後說：「盛飾入朝者，不以利污義；砥厲名號者，不以欲傷行」——莊重地進入朝堂的，不以私利妨礙公義，愛惜名節的，不以貪欲傷害德行。以大孝著名的曾子，見到名為「勝母」的里巷，便不願進入；以反對音樂為主張的墨子，因為那都邑名「朝歌」就回轉車駕不去。可見人的自尊自處，可以嚴謹到什麼地步！現在如果要有胸襟、有抱負的人，被權力籠罩，被勢位脅迫，放下尊嚴，去侍奉阿諛諂媚的小人，以期接近權力中心，那麼真正的人才，就只有隱伏、老死在洞穴山野中了，又怎能投奔朝廷、竭信盡忠呢！

＊　　＊　　＊

鄒陽這封上書，以「忠信」始，以「忠信」終。中間有許多排偶的辭藻和歷代的相關典故。大致可以分為幾段，幾乎一律以精警扼要的論斷之語作為起結，中間不免有時重複，卻正是一個滿腔忠憤的人，身處危急之中時滿懷激動的最後陳詞——為古今「信而見疑，忠而被謗」的無數受冤者陳詞，求取公道，求取信任，而並非為自己搖尾乞憐，對梁王隱現的非分之想、不法之舉

沒有再提，對中傷自己、要置自己於死地的兩個同鄉沒有指名斥罵，通篇只是慷慨懇切地披肝瀝膽。末段尤其激昂堅決，置生死於度外，難怪梁王讀了大為感動——當然，也幸虧這封信終被期望中的讀者看到，而不是像韓非、李斯的獄中上書一般的命運。鄒陽於是立即獲釋，並且後來被尊為上賓。那時梁王闖了大禍，從此失寵，被朝廷追究，羊勝、公孫詭兩人自殺，還是虧得鄒陽替梁王謀劃、奔走，事情才告平息。

　　鄒陽客游，以讒見禽，恐死而負累，乃從獄中上書曰：

　　臣聞忠無不報，信不見疑，臣常以為然，徒虛語耳。昔者荊軻慕燕丹之義，白虹貫日，太子畏之；衛先生為秦畫長平之事，太白蝕昴，而昭王疑之。夫精變天地而信不喻兩主，豈不哀哉！今臣盡忠竭誠，畢議願知，左右不明，卒從吏訊，為世所疑，是使荊軻、衛先生復起，而燕、秦不悟也。願大王孰察之。

　　昔卞和獻寶，楚王刖之；李斯竭忠，胡亥極刑。是以箕子詳狂，接輿辟世，恐遭此患也。願大王孰察卞和、李斯之意，而後楚王、胡亥之聽，無使臣為箕子、接輿所笑。臣聞比干剖心，子胥鴟夷，臣始不信，乃今知之。願大王孰察，少加憐焉。

　　諺曰：「有白頭如新，傾蓋如故。」何則？知與不知也。故昔樊於期逃秦之燕，藉荊軻首以奉丹之事；王

奢去齊之魏,臨城自剄以卻齊而存魏。夫王奢、樊於期非新於齊、秦而故於燕、魏也,所以去二國死兩君者,行合於志而慕義無窮也。是以蘇秦不信於天下,而為燕尾生;白圭戰亡六城,為魏取中山。何則?誠有以相知也。蘇秦相燕,燕人惡之於王,王按劍而怒,食以駃騠;白圭顯於中山,中山人惡之魏文侯,文侯投之以夜光之璧。何則?兩主二臣,剖心坼肝相信,豈移於浮辭哉!

故女無美惡,入宮見妒;士無賢不肖,入朝見嫉。昔者司馬喜髕腳於宋,卒相中山;范睢摺脅折齒於魏,卒為應侯。此二人者,皆信必然之畫,捐朋黨之私,挾孤獨之位,故不能自免於嫉妒之人也。是以申徒狄自沈於河,徐衍負石入海。不容於世,義不苟取,比周於朝,以移主上之心。故百里奚乞食於路,繆公委之以政;甯戚飯牛車下,而桓公任之以國。此二人者,豈借宦於朝,假譽於左右,然後二主用之哉?感於心,合於行,親於膠漆,昆弟不能離,豈惑於眾口哉?故偏聽生

姦，獨任成亂。昔者魯聽季孫之說而逐孔子，宋信子罕之計而囚墨翟。夫以孔、墨之辯，不能自免於讒諛，而二國以危。何則？眾口鑠金，積毀銷骨也。是以秦用戎人由余而霸中國，齊用越人蒙而彊威、宣。此二國，豈拘於俗，牽於世，繫阿偏之辭哉？公聽並觀，垂名當世。故意合則胡越為昆弟，由余、越人蒙是矣；不合，則骨肉出逐不收，朱、象、管、蔡是矣。今人主誠能用齊、秦之義，後宋、魯之聽，則五伯不足稱，三王易為也。

是以聖王覺寤，捐子之之心，而能不說於田常之賢；封比干之後，修孕婦之墓，故功業復就於天下。何則？欲善無厭也。夫晉文公親其讎，彊霸諸侯；齊桓公用其仇，而一匡天下。何則，慈仁慇懃，誠加於心，不可以虛辭借也。

至夫秦用商鞅之法，東弱韓、魏，兵彊天下，而卒車裂之；越用大夫種之謀，禽勁吳，霸中國，而卒誅其身。是以孫叔敖三去相而不悔，於陵子仲辭三公為人灌

園。今人主誠能去驕傲之心，懷可報之意，披心腹，見情素，墮肝膽，施德厚，終與之窮達，無愛於士，則桀之狗可使吠堯，而蹠之客可使刺由；況因萬乘之權，假聖王之資乎？然則荊軻之湛七族，要離之燒妻子，豈足道哉！

臣聞明月之珠，夜光之璧，以闇投人於道路，人無不按劍相眄者。何則？無因而至前也。蟠木根柢，輪囷離詭，而為萬乘器者。何則？以左右先為之容也。故無因至前，雖出隨侯之珠，夜光之璧，猶結怨而不見德。故有人先談，則以枯木朽株樹功而不忘。今夫天下布衣窮居之士，身在貧賤，雖蒙堯、舜之術，挾伊、管之辯，懷龍逢、比干之意，欲盡忠當世之君，而素無根柢之容，雖竭精思，欲開忠信，輔人主之治，則人主必有按劍相眄之跡，是使布衣不得為枯木朽株之資也。

是以聖王制世御俗，獨化於陶鈞之上，而不牽於卑亂之語，不奪於眾多之口。故秦皇帝任中庶子蒙嘉之言，以信荊軻之說，而匕首竊發；周文王獵涇、渭，

載呂尚而歸，以王天下。故秦信左右而殺，周用烏集而王。何則？以其能越攣拘之語，馳域外之議，獨觀於昭曠之道也。

今人主沈於諂諛之辭，牽於帷裳之制，使不羈之士與牛驥同皂，此鮑焦所以忿於世而不留富貴之樂也。

臣聞盛飾入朝者不以利汙義，砥厲名號者不以欲傷行，故縣名勝母而曾子不入，邑號朝歌而墨子回車。今欲使天下寥廓之士，攝於威重之權，主於位勢之貴，故回面汙行以事諂諛之人而求親近於左右，則士伏死堀穴巖（嚴）〔藪〕之中耳，安肯有盡忠信而趨闕下者哉！

書奏梁孝王，孝王使人出之，卒為上客。

（《史記・魯仲連鄒陽列傳》，2469 頁）

30 賢伉儷　綿綿情意往來書

　　在崇尚含蓄的中國古代，夫婦家書而坦白熱情的，恐怕並不很多；在「父母之命，媒妁之言」的婚姻制度之下，感情深摯、互重互愛的配偶更是難能可貴。秦嘉、徐淑夫婦的兩封信，就是這樣的珍品。

　　秦嘉是東漢晚期詩人，太太徐淑也是詩人。秦嘉要到外地公幹，徐淑因為身體不好，回娘家休養，沒有機會親自送別。秦嘉思妻情切，派車去接她，不知怎的又沒有接到，十分失望，就作了三首詩，寫了封信給她：

　　「車子回來了。空空蕩蕩的，竟不見您的蹤影，失望極了。人生苦短，歡聚的時間更短。我們都從小孤獨，好不容易才結合在一起，實在是難得的福氣。可惜，又因為種種原因，不能夠經常在一起。像這次，我們又要遠遠隔開了。房間，是空空的；飯菜，是冷冷

的。您說，我是怎樣的惆悵呢！

「近來得到一面鏡子，又明亮，又精美，世間少有，我很喜歡，就把它送給您，希望您也喜歡。還有千金的寶釵一雙，絲織的鞋子一對，好香四種，各一斤，都是我小小的心意。至於那張素琴，是我常常彈奏的，也請您收下吧。」

且看真正的佳人，怎樣回答才子情郎的信：

「您已經寄信給我，又送了這麼多好東西，豐厚的情意，殷勤的愛護，所給予我的驚喜，實在預想不到！

「那鏡子確實美麗，那寶釵也真是新奇可喜。香囊十分珍貴，至於您常用的素琴更是無比親切。把貴異的禮物，特別是自己身邊珍愛的東西，送給愚笨的我，不是情深愛重，又怎會如此呢？

「拿着鏡子，執着寶釵，我不禁情思纏綿，好像身邊正有您在。彈着您常用的琴，唸着您為我而寫的詩，懷念您的心意又千絲萬縷糾結在一起了！

「您吩咐我『以芳香薰馥身體，用明鏡照覽形貌』，

這些話，不大符合我的心意啊！從前，《詩經》上那位作者說：

『自從丈夫去了遠方，

我的頭髮就亂似飛蓬；

難道沒有香膏沐浴？

只是啊，我為誰而美容？』

「孝成皇帝時代的才女班婕妤，失寵之後，也有『花啊！為誰開放？為誰而燦爛？』這般的悲歎。

「所以，那張琴，要等您回來，我才會撥弄；那面鏡子，要等您在身邊，我才會打開。

「如果未看到您的風采，那寶釵，我不放在頭上；如果未和您在一起，那香囊，我不會打開。」

——一位富有教養的才女，在崇尚禮法的時代，將一份濃鬱深摯的伉儷之情，洋溢在一封優雅的信中。

可惜，秦嘉不幸早逝，遺下一對兒女。徐淑的兄弟要逼她變節，她寫了一封嚴峻的信加以拒絕，後來哀慟過甚，也就去世了，只留下不朽的作品。

　　車還空反，甚失所望，兼敘遠別。恨恨之情，顧有悵然。間得此鏡，既明且好，形觀文彩，世所稀有，意甚愛之，故以相與。並致寶釵一雙，價值千金；龍虎組履一緉；好香四種，各一斤；素琴一張，常所自彈也。明鏡可以鏡形，寶釵可以耀首，芳香可以馥身去穢，麝香可以辟惡氣，素琴可以娛耳。

（嚴可均校輯：《全上古三代秦漢三國六朝文》，834頁，北京：中華書局，1958年。後《全上古三代秦漢三國六朝文》引文皆用此版本。）

　　既惠音令，兼賜諸物，厚顧殷勤，出于非望。鏡有文彩之麗，釵有殊異之觀，芳香既珍，素琴益好。惠異物于鄙陋，割所珍以相賜，非豐恩之厚，孰肯若斯？覽鏡執釵，情想仿佛；操琴詠詩，思心成結。敕以芳香馥身，喻以明鏡鑒形，此言過矣，未獲我心也。昔詩人有飛蓬之感，班婕妤有誰榮之歎。素琴之作，當須君歸；

明鏡之鑒，當待君還。未奉光儀，則寶釵不設也；未侍帷帳，則芳香不發也。今奉旄牛尾拂一枚，可以拂塵垢；越布手巾二枚；嚴器中物幾具；金錯碗一枚，可以盛書水；琉璃碗一枚，可以服藥酒。

（《全上古三代秦漢三國六朝文》，991 頁）

31 馬伏波　謹行慎言誡侄兒

　　在君主極權專制、法網森嚴的古代——即使是後世想慕、美化的大漢王朝——言論獲罪是很容易，也可以很慘酷的。對名高招妒的個人以至家族來說，一時不慎，就會禍生不測；皇帝一怒，就要被腰斬、族滅，正所謂伴君如伴虎，防不勝防。在這種環境之下，年少氣盛的名門子弟，卻時時任性高談闊論，批評時政，抑揚人物，甚至和輕狂任俠、遊走在法律邊緣的人來往，他們那滄桑飽歷、憂讒畏譏的父母叔伯會是如何擔驚受怕，又會怎樣苦口婆心、戰戰兢兢，勸告這些初生之犢，希望他們不要累己累人呢？

　　東漢初年，著名的伏波將軍馬援，功勳蓋世，當然不是一個畏怯退縮的人物。他的名言是：

　　「大丈夫立志，要窮且益堅，老當益壯！」
　　「男兒漢最好死在邊境戰地，馬革裹屍而還！」

壯志豪情，可以想見。不過，閱歷不夠、思想還沒有成熟便強不知以為知，放言高論，有意無意開罪了太多人物，以致不能留有用之身，發揮更大的作用，這也是他所不願見的；尤其是不願見到自己的子侄，冒這個危險。他有名的《誡兄子嚴、敦書》便是這樣的一封信。

一開頭，馬援就告誡：

「我希望你們聽到人家的過失，像聽到父母的名字一樣：耳可以聽，口不可以説。」

現在有些地方，父母尊長姓名都當面直呼，在只要不涉誹謗或不屬國防機密，似乎什麼都可以批評的自由民主社會裏，馬援的講法可能會讓人覺得不可思議。其實，當面直呼姓名，始終是冷峻的，甚至是無禮的，對朋友尚且不夠友好，何況對生我養我教我育我的父母呢？至於任意批評，甚至踐踏他人，似乎是痛快的；貶低別人，似乎等於抬高自己；可是，耳聞甚至目睹的，往往都不盡不實，以此來肆意雌黃，甚至逞一時之快，

添醋加鹽，成了「二手傳播」以至謠言的幫兇，對當事人固然絕不公平，對自己也並無好處——除了敗壞心術之外，更可能招來報復與其他橫禍！所以，魯莽武斷，傳播不負責任的傳言，本身便是一種過失，甚至是罪惡，與其害人害己，何如謹厚周慎一點呢？因此，馬援說：

「喜歡議論別人長短，隨意肯定或者否定國家的法令，這是我最不喜歡的行為，寧死不願子孫有這種作風——這點，你們早就知道了，我為什麼還要囉唆呢？就因為你們是自己的骨肉，就像女子出嫁，父母替她繫上彩帶、結上佩巾的時候，百般叮嚀，不外囑咐她不要任性，要虛心，少犯錯誤，諸如此類罷了。」

——青年一代，往往放任意氣，誇大所謂「代溝」，輕視父母所傳遞的、用他們自己當年所犯錯誤、所受教訓而得來的人生智慧，結果重蹈覆轍！中國從周代宗法社會奠立以來，休戚榮辱，往往是整個家族與共。秦漢一統之後，君主淫威與日俱熾，法家黑暗極權

的陰魂不息，所謂「高明之家，鬼瞰其室」，即使歷代勳榮的世家大族，一個成員偶有不慎，犯了甚至只是被人羅織、誣陷了某個嚴重其實空泛的罪名——諸如「大不敬」、「有反側之心」等——便會招致家破人亡，甚至導致整個宗族被迫害、被誅滅；例子之多，令人寒心！明白這點，我們就可以理解：面對千軍萬馬而指揮若定的一代名將，為什麼對子侄們口不擇言的過失，這樣既厭且怕！

少年人是崇拜偶像的，馬援跟着舉出兩個性行相反而又同樣超卓的「偶像級」名人作例子：

「龍伯高謹慎、謙虛、厚道、周密，講話極有分寸，挑不出過失。他為人有原則，威嚴而又公正，我敬愛他、尊重他，希望你們效法他。

「杜季良豪爽、講義氣，富有俠士風範，善於與別人分擔情感，把朋友的事當作自己的事，黑白兩道的朋友都極多，極吃得開。有一次，他辦理父親的喪事，幾個郡的頭面人物都來弔祭，熱鬧風光得不得了！我敬愛他、尊重他，不過，絕對不想你們學他。」

為什麼呢？下文跟着有解釋：

「學龍伯高不到，還不失為謹慎恭敬的老實人──所謂『刻鵠不成尚類鶩』：雕刻天鵝不成功，至少還像隻鴨子，一樣會游，一樣會飛，只不過模樣沒那麼好看罷了。學杜季良不像，就真不像樣了：變成世間人人討厭的、輕浮淺薄的人──所謂『畫虎不成反類狗』，老虎畫不成，變了病狗！」

這兩個比喻真生動，尤其是後者，早已成為我們日常語言的一部分。馬援繼續指出：

「現在杜季良的下場會怎樣，還沒有人知道。只知道地方上的軍頭一上任，提起他這個問題人物，就咬牙切齒；有什麼問題，人們都牽連到他身上。我常常替他心寒，不知道什麼時候他會發生什麼不幸的事，所以不願意你們學他。」

杜季良這位人中豪傑，馬援不是不敬佩，只是統

一而專制的政府一定會提防、打擊幫會勢力團體，有戰國時代遊俠之風的領導人物，必然會成為監視、嫉妒、陷害、消滅的對象。一旦有事，黨羽株連必然既廣泛又慘酷，馬援之所以寒心，就在這裏。

馬援這封信，語言質樸而順暢，口氣雖然嚴峻，而不失親切。父兄子弟之間的家常話，就是如此。

當然，這些話語，當時的青年人，較之現在的，更容易接受。

（馬援）轉游隴漢閒，常謂賓客曰：「丈夫為志，窮當益堅，老當益壯。」

(見《後漢書・馬援列傳》，范曄撰，李賢等注：《後漢書》，828 頁，北京：中華書局，1965 年。後《後漢書》引文皆用此版本。)

援曰：「方今匈奴、烏桓尚擾北邊，欲自請擊之。男兒要當死於邊野，以馬革裹屍還葬耳，何能臥牀上在兒女子手中邪？」

(《後漢書・馬援列傳》，841 頁)

初，兄子嚴、敦並喜譏議，而通輕俠客。援前在交阯，還書誡之曰：「吾欲汝曹聞人過失，如聞父母之名，耳可得聞，口不可得言也。好論議人長短，妄是非正法，此吾所大惡也，寧死不願聞子孫有此行也。汝曹知

吾惡之甚矣，所以復言者，施衿結褵，申父母之戒，欲使汝曹不忘之耳。龍伯高敦厚周慎，口無擇言，謙約節儉，廉公有威，吾愛之重之，願汝曹效之。杜季良豪俠好義，憂人之憂，樂人之樂，清濁無所失，父喪致客，數郡畢至，吾愛之重之，不願汝曹效也。效伯高不得，猶為謹敕之士，所謂刻鵠不成尚類鶩者也。效季良不得，陷為天下輕薄子，所謂畫虎不成反類狗者也。訖今季良尚未可知，郡將下車輒切齒，州郡以為言，吾常為寒心，是以不願子孫效也。」

（《後漢書・馬援列傳》，844 頁）

32 漢李固 相副名實激黃瓊

　　東漢是一個崇尚名節的時代。前期有位名列
「二十四孝」的黃香，幼時已有「天下無雙，江夏黃童」
的美譽，學問文章都很有名。他的兒子黃瓊，長大後也
成了時人敬重的人物。黃瓊推辭了無數州郡級的邀請，
不肯出來做官；直到朝中公卿交相薦舉，連皇帝都下詔
徵聘了，他才勉勉強強地進京。到了洛陽附近，他可能
想想還是覺得政治太複雜，愈接近權力中心愈可怕——
又或者還有其他個人的原因吧——於是又託病，不再繼
續前行。

　　還是來吧。當時有位同樣學問好、人品好的大臣
李固，就寫了封信勸他。

　　怎樣勸？

　　繼續褒揚？黃瓊已經聽膩了。

　　指責他？他本來就聲稱不想出山，你一罵他為什
麼猶豫，為什麼畏縮，他乾脆就不來了。

怎麼辦？

半激半勸。

「聽說您已經渡過伊水、洛水，接近京都了。想必您對徵聘的看法已經漸漸有所改變，覺得還是尊重、順從皇帝的任命比較好吧。從前孟子說過：有道德潔癖的伯夷，瞧不上眼的君主就不替他做官，是過於狹隘；服務熱情很高的柳下惠，什麼君主都不推辭，又不夠嚴謹。揚雄《法言》說得對：『不要做伯夷，也不要做柳下惠，決定進退，重要的是要看準時勢。』這真是聖賢自處的寶貴原則啊。

「我想您一定同意：如果確確實實要永遠隱居，當然是可以的，不過，如果始終覺得讀聖賢書，是要輔助朝政、造福百姓的話，現在正是時候。老實說，自從有人類以來，便是好社會少、壞政治多，一定要堯舜之君當朝才出身，有志之士可能永遠都沒機會了。」

—— 信的前半，是敦促對方，要真正決定行止了。要學以致用、服務社會、「致君澤民」，現在就是

最好的——也是最後的——時機，不能再抱理想主義。

「常聽人說：『尖尖的家夥容易折斷，白白的東西容易髒污。』《陽春白雪》之類的高雅曲調，能夠跟着唱的人一定很少；名氣太大，實際表現一定難以相符。最近魯陽的樊英先生，以陰陽災異的學問出名，屢次徵召都不肯來，連皇帝都動氣了，責怪他輕慢，警告他生死貴賤都在人君之手，他卻仍然是那樣高傲，仍然說，生死是上天的安排，貴賤在自己的抉擇；結果還是由皇帝設了高壇，擺了筵席，舉行了隆重無比的儀式，當他神明一般，他才勉強接受了官職。不過，幾個月後，他就說病得厲害，又辭官回家了。回頭一看他在職期間的表現，其實又平凡得令人失望：聲譽從此也沒那麼高了。這不正是希望愈大、失望愈大嗎？

「近年徵聘的名流，例如胡元安、薛孟嘗、朱仲昭、顧季鴻等，功業表現，都不足稱道。所以，一般輿論，都說那些所謂『處士』，所謂有才德而隱居的人，也不過是浪得虛名，甚至是為了盜取名譽罷了！」

——提這一大批窩囊東西做什麼？

「總之，希望先生真真正正發揮一下高尚的理想，實現一下遠大的計劃，讓眾人歎服，使處士們的羞辱得以洗雪！」

　　　　　　　*　　*　　*

黃瓊就毅然繼續行程，以後在朝廷果然大有貢獻。他和李固，在《後漢書》裏都有傳。

永建中，公卿多薦瓊者，於是與會稽賀純、廣漢楊厚俱公車徵。瓊至綸氏，稱疾不進。有司劾不敬，詔下縣以禮慰遣，遂不得已。先是徵聘處士多不稱望，李固素慕於瓊，乃以書逆遺之曰：「聞已度伊、洛，近在萬歲亭，豈即事有漸，將順王命乎？蓋君子謂伯夷隘，柳下惠不恭，故傳曰『不夷不惠，可否之間』。蓋聖賢居身之所珍也。誠遂欲枕山棲谷，擬跡巢、由，斯則可矣；若當輔政濟民，今其時也。自生民以來，善政少而亂俗多，必待堯舜之君，此為志士終無時矣。常聞語曰：『嶢嶢者易缺，皦皦者易汙。』陽春之曲，和者必寡，盛名之下，其實難副。近魯陽樊君被徵初至，朝廷設壇席，猶待神明。雖無大異，而言行所守無缺。而毀謗布流，應時折減者，豈非觀聽望深，聲名太盛乎？自頃徵聘之士，胡元安、薛孟嘗、朱仲昭、顧季鴻等，其功業皆無所採，是故俗論皆言處士純盜虛聲。願先生弘此遠謨，

令眾人歎服，一雪此言耳。」瓊至，即拜議郎，稍遷尚
書僕射。

（《後漢書·左周黃列傳》，2032 頁）

33 李令伯　至孝陳情動晉皇

「敬酒不喝喝罰酒」，是無禮而且無趣的。如果自己是「至微至陋」的「亡國賤俘」，屢次拒命而不肯出仕，「請酒」的對方又正是剛剛征服天下、多疑多忌的專制暴君，一怒之下，那還得了？

不過，那位以「武」為諡號的帝王不只不怒，還十分感動，不只收回成命，還大加恩恤。關鍵就在一篇至情至性的文章——古今傳誦的《陳情表》。

這篇文章的作者就是李密。他本來是蜀漢的文學官員。司馬炎篡魏滅吳，一個殘暴黑暗的王朝——晉——剛剛建立。這時李密四十出頭，地方長官一再徵召，他都推辭了。最後皇帝親自下旨——看你李密逃得到哪裏？

——你不會是戀念故朝、懷有異心吧？

——你是不是藐視君主、大逆不敬呢？

不是。不敢。

甚至也不是不願意。只是祖母太老了。恩深情重的祖母，替代母職，把自己撫養成人，如今老弱多病，危在旦夕。祖孫兩人，都孤單淒苦。相依為命了幾十年，此刻實在不能離去，不忍離去。

請原諒吧。

是的。照顧下一代，是動物的普遍本能；報答上一代，是人類的特殊靈性光輝。

《陳情表》就是一篇洋溢着寶貴人性的篇章。

* * *

「微臣李密報告：

「微臣命運不好，早年就遇到不幸。生下來六個月，父親就去世了。四歲的時候，舅父逼令母親改嫁。祖母劉氏，憐惜我弱小孤單，就親自撫養。微臣從小多病，九歲還不能走路。後來便是這樣孤苦伶仃地長大成人，沒有叔伯的扶持，又沒有弟兄的幫助。門庭衰敗，福氣單薄，很晚才有兒子。家裏，沒有照顧門戶的僮僕；家外，沒有勉強拉得上血緣關係的親戚。孤孤單

單，沒有依靠，做伴的只有自己的影子。劉氏祖母很早就疾病纏身，經常臥牀養病，微臣侍奉湯藥，從來沒有離開過她。」

——這是句句寫實、字字酸楚的第一段。福氣特別好、門庭無比顯赫、親戚突然特別多的晉武帝，讀到這裏，想必也和常人一樣，起了同情、憐憫之心。

「到了當今神聖的王朝，沐浴在清明的教化之中，先是郡太守臣逵察舉微臣為孝廉，後是州刺史臣榮薦選微臣為秀才，微臣都因為奉養祖母的事情沒有別人能夠分擔料理，所以推辭不就。後來主上特別下了聖旨，授予郎中官職，跟着又蒙國家大恩，任命為太子洗馬。以微臣這麼卑賤的人，竟然得到侍奉東宮的榮幸，微臣即使頭掉下來，也不能報答！不過，微臣還是呈上了奏表，再次辭謝。但是，詔書很急切、很嚴峻，怪責微臣逃避責任、怠慢聖旨。地方官吏上門逼迫，催促就任。微臣本想奉接詔令，立即奔馳上路，但是祖母劉氏的病一天重似一天，想多拖延一下，遷就自己的苦衷，可是

報告申訴又不蒙允許。微臣的處境，實在狼狽！」

——以上是第二段，敍述朝廷幾次徵召，以及自己「忠孝難以兩全」、進退兩難的困境。這樣，一方面對方的了解與同情繼續增加，一方面自己「願乞終養」的希望與要求也隱隱透露。

晉武帝以「孝」為標榜，藉此來號令天下。李密響應這個號召：

「微臣私下想：當今聖朝是以孝道來治理天下的，所有故舊老人都得到憐惜、照顧，何況微臣特別的遭遇、特別的困境呢！微臣自少就做過偽朝的官，本來就並非無意顯達，本來就不是自鳴清高、以名節矜誇的人。現在微臣以亡國賤俘、微極卑陋的身份得到過分的提拔，恩寵任命，十分優厚，又怎敢藉故推辭，有非分的妄想？只因為祖母劉氏已經像快要落山的太陽，氣息微弱，早上也不知道晚上能否在世……」

——委婉、坦誠、懇切、謙卑，讀者很難不大受

感動。跟着是那極扼要而又著名的一句——

「微臣沒有祖母，就沒有今天；今天祖母沒有微臣，就過不了最後的日子。祖母和孫兒兩人，互相依靠着過活。正因為這樣，微臣不敢遠離半步，放下奉養的職責。」

——到這裏，李密正式提出了合理合情的要求：

「微臣四十四歲，而祖母已九十六歲，因此，微臣效忠陛下的日子應該還長，而報答祖母的時光已經沒有多少了。懷着烏鳥反哺一般的心願，微臣請求允許讓我奉養祖母到她最後的日子。微臣的辛苦處境，不單西蜀人士、兩州長官見到、知道；天地神靈也都看得明明白白。希望陛下憐念微臣愚昧的誠意，讓我實現微小的希望，讓祖母劉氏僥倖得以安養餘年。微臣活着，願意替陛下效死；死了，願意像古人一般，結草以酬報恩德——」

——「結草」在這裏是一個用得很貼切的典故。春秋時，晉國——也是「晉」——魏顆沒有聽從父親臨死的話，反而遵從他初病時的意願，將一名寵妾改嫁，而沒讓她殉葬。後來那女子亡父的精靈報恩，在魏顆苦戰時用草打結，絆倒了敵人，魏顆於是反敗為勝。「結草」，就是死後報恩。

　　大為感動的晉武帝，不只完全批准了他的請求，還賜給婢僕兩人，並且命令地方上負擔他贍養祖母的費用。

　　當然，時至今日，自覺地反哺雙親（不要說祖母了）的中國人，比例上可能少了。上表陳情的對象，也不再是皇帝；而且，即使是類似往日皇帝的人，權力運作的方式，也不能如魏晉時代那樣任意吧。

臣密言：臣以險釁，夙遭閔凶。生孩六月，慈父見背；行年四歲，舅奪母志。祖母劉愍臣孤弱，躬親撫養。臣少多疾病，九歲不行，零丁孤苦，至於成立。既無伯叔，終鮮兄弟，門衰祚薄，晚有兒息。外無期功強近之親，內無應門五尺之僮，煢煢孑立，形影相弔。而劉夙嬰疾病，常在牀蓐，臣侍湯藥，未曾廢離。

逮奉聖朝，沐浴清化。前太守臣逵察臣孝廉，後刺史臣榮舉臣秀才。臣以供養無主，辭不赴命。詔書特下，拜臣郎中，尋蒙國恩，除臣洗馬。猥以微賤，當侍東宮，非臣隕首所能上報。臣具以表聞，辭不就職。詔書切峻，責臣逋慢。郡縣逼迫，催臣上道；州司臨門，急於星火。臣欲奉詔奔馳，則劉病日篤；欲苟順私情，則告訴不許：臣之進退，實為狼狽。

伏惟聖朝以孝治天下，凡在故老，猶蒙矜育，況臣孤苦，特為尤甚。且臣少仕偽朝，歷職郎署，本圖宦

達，不矜名節。今臣亡國賤俘，至微至陋，過蒙拔擢，寵命優渥，豈敢盤桓，有所希冀。但以劉日薄西山，氣息奄奄，人命危淺，朝不慮夕。臣無祖母，無以至今日；祖母無臣，無以終餘年。母孫二人，更相為命，是以區區不能廢遠。

臣密今年四十有四，祖母劉今年九十有六，是臣盡節于陛下之日長，報養劉之日短也。烏鳥私情，願乞終養。臣之辛苦，非獨蜀之人士及二州牧伯所見明知，皇天后土，實所共鑒。願陛下矜愍愚誠，聽臣微志，庶劉僥倖，保卒餘年。臣生當隕首，死當結草。臣不勝犬馬怖懼之情，謹拜表以聞。

（蕭統編，李善注：《文選》，1693 頁，上海：上海古籍出版社，1986年。後《文選》引文皆用此版本。）

34 梁丘遲　一紙勸降陳伯之

　　一封信消解了戰爭，讓千萬人得以終其天年——至少是又延長了一點壽命，當然是好事。

　　何況，這封信組織嚴密，條理分明，文采華麗，聲律諧暢，實在不愧是著名的駢文佳作、千百年傳誦的好文章。

　　好文章是寫給敵方主將陳伯之的一封信，作者是梁朝的丘遲。

　　好事發生在公元 505 年。梁武帝蕭衍即位的第四年，命弟弟臨川王領兵北伐，北魏統軍踞守於現在安徽壽縣附近的是陳伯之。陳伯之本來是淮南人，出身綠林大盜，加入南朝齊後立有戰功，做了齊的江州刺史。蕭衍建國，他帶兵歸附，封豐城縣公。不久又聽信離間，叛降北方，做了北魏的平南將軍——總之就是拿士卒的生命、老百姓的生命，以至自己的性命作賭注，翻來覆去。當然，對峙着的南北兩個政權，也是以人民的生命

為籌碼，和這個時降時叛的軍閥打來打去。此刻，雙方又劍拔弩張，眼看又要屍橫遍野、血流成河了。

不如試試用文章解決吧。生於極度崇尚文學的王室和時代之中的臨川王，就叫書記丘遲寫封勸降的信給陳伯之。

*　　*　　*

「丘遲鞠躬拜候陳將軍足下：知道將軍康健無恙，十分欣喜。

「將軍英勇善戰，是眾所仰望的；將軍的武功韜略，一個時代都不一定能有一兩個。將軍當年不甘像小小的燕雀般，滿足於做地方上的豪強，而是要立大業、建大功，做飛翔萬里的鴻鵠。因應時機，遇到了我們當今聖上那樣的英明君主，開創了輝煌的事業，加官晉爵，儀仗堂皇，威風遠播，真是何等壯盛！想不到一下子就變成逃亡降敵的人，聽到響箭就大腿發抖，向那些出身於沙漠帳篷的野蠻人卑躬屈膝，唉，這又是何等低賤呢！」

帶兵，要做英勇的愛國愛鄉戰士；稱臣，要光榮親切地向着自己中華王朝。軍人以榮譽為生命；信一開首，就用這一點打動對方。

「推尋將軍近幾年來去與辭就的關鍵，坦白說，沒有其他原因，就是了解真正的自己不夠，聽信無謂的他人太多。一時糊塗了，一時衝動了，於是就弄到今天的地步！」

這時南北對峙、敵我分明，立場當然苟且不得。對方當年叛梁投魏，選擇是錯了，這一點首先講清楚——不過，點到為止，以留給對方足夠的迴旋空間。所以，「明之以過」之後便「示之以恩」——宣揚己方的寬大政策：

「我們聖明的朝廷，赦免罪過，要求功勞，瑕疵不要緊，要緊的是有用。我們誠懇的心，推廣到整個天下，一切動搖、懷疑，都安定下來——這些，將軍都早已清楚，不必多說了。從歷史上講，偉大的君主都能

夠用人唯才，不問舊惡，漢光武不疑忌有殺兄之仇的朱鮪，曹操照舊任用有殺子之恨的張繡，何況將軍並沒有朱、張的大罪，而功勳之重，世所共知呢？

「自古以來，有智慧的人都鼓勵我們迷途知返。當今聖上，又念舊，又重情，所謂法律嘛，有時也不必計較那麼多，看主上向誰施恩就是了。將軍過往雖然暫時離開我們，不過，將軍的祖宗墳墓，一點兒沒有破壞；將軍的親人，還是生活得安安樂樂；將軍的住宅，仍然美輪美奐；最重要的，將軍寵愛的如夫人仍然好好地在那裏等待將軍您——主上對將軍的這種心意，真是任何人都沒話說！」

信寫到一半，繼續「動之以利」：

「現在我們這邊的情況真好。功臣、名將，都論功行賞。有些佩了紫綬、懷了金印，在中央籌劃政務；有些坐了輕車，持節到邊境坐鎮。就像漢朝開國時候的盛況一般：君臣相得，立了誓盟；富貴榮華，傳之子孫，長長久久。老實說，以將軍的才略、威望，哪一點比不

上他人？現在竟然要窩窩囊囊地寄人籬下，被那些野蠻的胡人首領呼來喚去，我們真替將軍悲哀呀！」

到了這裏，丘遲又加強了一下刺激——「威之以禍」：

「將軍：讓我們看看不久之前的歷史。以南燕慕容超那樣的強橫，最後要被押解到建康刑場斬首；以後秦姚泓那樣強盛，最後要在長安投降，被雙手反縛送京處決。可見天公使霜露平均降於大地，就是不蔭庇胡人；中原正統文化之邦，容不得野蠻之人。現在北方這幫家夥，非法割據中原，已經太久太久了！壞事也做得太多太多了！崩潰、滅亡，已經不可避免。且看統治偽朝的那班家夥，既狡詐，又糊塗，互相殘殺，互相猜忌，馬上就要被我們犁庭掃穴、就地擒拿、正法。當然，我們毫不擔心他們。我們掛念的只是陳將軍您。好像魚兒在鼎裏游泳，下面正燒着火；好像燕子在巢裏安歇，巢竟結在動盪的帳幕上面——將軍您選擇這樣的處境，不是太危險、太不可思議了嗎？」

告以嚴重性而又略略恐嚇之後，筆鋒又轉向最溫馨的一面，這是全文最有名、最感人的一段——「感之以情」——感之以故舊之情。夢魂羈繫的、秀麗的家鄉，親切的老朋友：

「將軍：此刻，江南又是春天了。想想我們從小就熟悉的景象吧：三月裏，差不多已是暮春了。草木都蓬勃地生長；多彩多姿的花朵，開放在樹上；婉轉嬌啼的黃鶯，穿梭在樹間。到處是柳綠桃紅，到處是鳥語花香，哪像北方這般黃沙漠漠、山窮水惡！將軍，當您看到故國軍隊的旗鼓，回想起過往的日子，撫摸着弓箭，登上城樓，竟然要和來自故鄉的老朋友打仗！將軍，您不覺得惆悵、不覺得憂傷嗎？

「人，都是懷舊的，鐵血男兒，對眷戀的故舊還是柔情似水。所以，古代的名將廉頗，念念不忘的是趙國的軍兵；吳起，離開西河那陣子，忍不住流下了英雄之淚——這都是常人之情啊！將軍難道您沒有這種情感嗎？所以，希望將軍趁早妥善安排。幸福，前途，要將軍自己求取。」

從「明之以過」、「示之以恩」，到「動之以利」、「威之以禍」，現在是「感之以情」，全信已達到勸降藝術的最高境界。最後是一個簡短的總結：

　　「當今皇帝神聖英明，天下安樂，一切祥瑞都先後產生，四方外邦紛紛前來朝貢。現在就只剩下北方這一小撮死不悔改的野蠻人了。我們主帥臨川王殿下，德行昭著，是主上至親，前來慰問洛水一帶的老百姓，討伐秦中的逆賊。如果將軍還是思想轉不過彎，到將來才回想起我誠懇的勸告，那就太遲太遲了！

　　「仗着舊交情，我們盡心盡意的話就說到這裏吧。丘遲鞠躬。」

　　　　　　　　　　＊　　＊　　＊

　　看完了信，一代梟雄陳伯之，就帶着他的八千子弟，投降到梁朝了。

遲頓首。陳將軍足下：無恙，幸甚幸甚！將軍勇冠三軍，才為世出，棄燕雀之小志，慕鴻鵠以高翔。昔因機變化，遭遇明主，立功立事，開國稱孤。朱輪華轂，擁旄萬里，何其壯也！如何一旦為奔亡之虜，聞鳴鏑而股戰，對穹廬以屈膝，又何劣邪！

尋君去就之際，非有他故，直以不能內審諸己，外受流言，沈迷猖獗，以至於此。聖朝赦罪責功，棄瑕錄用，推赤心於天下，安反側於萬物，將軍之所知，不假僕一二談也。朱鮪涉血於友于，張繡剚刃於愛子，漢主不以為疑，魏君待之若舊。況將軍無昔人之罪，而勳重於當世！夫迷塗知返，往哲是與，不遠而復，先典攸高。主上屈法申恩，吞舟是漏；將軍松柏不剪，親戚安居，高臺未傾，愛妾尚在。悠悠爾心，亦何可言！今功臣名將，雁行有序，佩紫懷黃，讚帷幄之謀，乘軺建節，奉疆場之任，並刑馬作誓，傳之子孫。將軍獨靦顏

借命，驅馳氈裘之長，寧不哀哉！

夫以慕容超之強，身送東市；姚泓之盛，面縛西都。故知霜露所均，不育異類；姬漢舊邦，無取雜種。北虜僭盜中原，多歷年所，惡積禍盈，理至燋爛。況偽孽昏狡，自相夷戮，部落攜離，酋豪猜貳。方當繫頸蠻邸，懸首藁街，而將軍魚游於沸鼎之中，燕巢於飛幕之上，不亦惑乎！

暮春三月，江南草長，雜花生樹，群鶯亂飛。見故國之旗鼓，感平生於疇日，撫弦登陴，豈不愴恨！所以廉公之思趙將，吳子之泣西河，人之情也，將軍獨無情哉？想早勵良規，自求多福。

當今皇帝盛明，天下安樂。白環西獻，楛矢東來；夜郎滇池，解辮請職；朝鮮昌海，蹶角受化。唯北狄野心，掘強沙塞之間，欲延歲月之命耳。中軍臨川殿下，明德茂親，總茲戎重，弔民洛汭，伐罪秦中。若遂不改，方思僕言。聊布往懷，君其詳之。丘遲頓首。

（《文選》，1943 頁）

35　韓退之　擱淺蛟龍求活水

據說孔子作過這樣一首詩歌：

「我想望望魯國啊，
龜山的樹木把她遮蔽！
手上沒有斧頭啊，
龜山！龜山！真讓我心翳！」

自古中國讀書人都以加入政府、致君澤民為抱負，如果沒有行政機會，一切就難以着手。唐代柳宗元在貶逐中的名句：

「嶺樹重遮千里目，江流曲似九迴腸。」

就是與孔子相同的慨歎。

被貶前的柳宗元是少年得志，考試、出仕都相當

順利，他的好朋友韓愈卻是仕途坎坷崎嶇，一直都有很多挫折。原來唐代一般士人要參與政治，必須通過考試──首先是禮部主辦的「科舉」，跟着是吏部的「博學宏詞」。前者中了，才有「進士」之類的名銜；後者中了，才有官職可授。在考選過程之中，士子通常需要帶着自己平生得意之作投謁於文學名流以至貴人巨公，希望得到他們的稱許、推薦──這在當時被稱為「行卷」，在當時是既合法又合情合理的。（白居易見顧況，開始被嘲「長安百物皆貴，居大不易」，此後顧況卻為「野火燒不盡，春風吹又生」之句所動，就是一個著名的故事。）必須明白這點，我們才能了解何以富有才學，同時也富有自尊的青年韓愈，在三試然後中進士，而又一挫再挫於博學宏詞科之後，有「三上宰相書」之類的作品。後世有些人以此議評韓愈「阿諛諂媚」，說這些文章「充滿着封建文人那種汲汲於功名利祿的庸俗思想」，恐怕是不明事理，責人太苛吧。

現在要談的是韓愈文中的一篇佳作：《應科目時與人書》。

「科目」就是分為種種科目以選拔人才的考試，所

以又稱為「科舉」。那時韓愈早已文名遠播，可惜考試的運氣總是很壞，為朝廷做事的希望很渺茫，甚至生活也難以解決，於是就不得不寫信。

信要寫得匠心獨運，不卑不亢——至少是「卑中有亢」；否則，對方怎會注意、尊重？於是就要如後世古文評論家所謂的「高自位置」、「先立地步」：找到行文的立腳點、運筆的着力點——

「聽說天池的旁邊，大江的附近，有種奇怪的生物，不是尋常鱗甲、介殼一類東西所能比擬的。它一旦得了足夠的水，就可以飛騰上天，興雲作雨，沾溉萬物，真是神奇之至。

「可惜就是沒有水，蛟龍困在淺灘。

「水，其實不是沒有：只是與龍有點兒不長不短的距離。中間也沒有高山峻嶺、曠途絕險的阻隔，不過，在平地上的蛟龍，單靠自己的力量，就是接觸不到水。於是，就連平凡猥瑣的小水獺，都要嘲笑它、侮辱它！

「在這時候，有能力的人只要一舉手一伸腳，就可以協助它改變環境、施展才具：不過，這龍卻不肯放

棄『與別不同』的自尊與自負。它說:『我寧願爛在泥沙裏!要俯首帖耳,搖尾乞憐,真辦不到。』有力量的人,便熟視無睹。這龍,是生是死,也就不可知了。

「不是很可惜嗎?

「現在有一位有力量的人士在龍的面前。好吧,姑且試試抬抬頭,號叫一聲吧。怎知那有力者不會同情它的困境,不會知道只要一舉手、一伸腳,就可以幫助它轉到江海裏呢?

「當然,有沒有同情,是命運:明知是無從把握的命運,仍然奮力呼叫,這也是命運。

「我現在的處境就是如此:所以忘記了自己的疏愚淺陋,寫了這封信,請閣下以同情之心,體察體察吧。」

*　　*　　*

手法是託物以自喻,波瀾迭起,文字精煉、流暢,句法靈活多轉折,形象是新鮮生動,語氣是婉轉含蓄、點到為止。青年韓愈的文章,已經是龍一般神奇善變。

可惜文章雖好，當時的水還是沒有。不過這條龍後來還是奮鬥得力，乘風雲而上天，被尊為無與倫比的古文大師，位居唐宋八大家之首。

　　月日，愈再拜：天地之濱，大江之漬，曰有怪物焉，蓋非常鱗凡介之品彙匹儔也。其得水，變化風雨，上下于天不難也。其不及水，蓋尋常尺寸之間耳，無高山大陵曠途絕險為之關隔也，然其窮涸不能自致乎水，為獱獺之笑者，蓋十八九矣。如有力者，哀其窮而運轉之，蓋一舉手一投足之勞也。

　　然是物也，負其異於眾也，且曰：「爛死于沙泥，吾寧樂之；若俛首帖耳搖尾而乞憐者，非我之志也。」是以有力者遇之，熟視之若無覩也。其死其生，固不可知也。

　　今又有有力者當其前矣，聊試仰首一鳴號焉，庸詎知有力者不哀其窮，而忘一舉手一投足之勞，而轉之清波乎？其哀之，命也；其不哀之，命也；知其在命，而且鳴號之者，亦命也。

愈今者，實有類於是，是以忘其疏愚之罪，而有是說焉。閣下其亦憐察之。

（韓愈撰，馬其昶校注，馬茂元整理：《韓昌黎文集校注》，205 頁，上海：上海古籍出版社，1986 年。後《韓昌黎文集校注》引文皆用此版本。）

36

勇刺史　大義凜然驅鱷魚

「開玩笑！鱷魚這種低等動物、大爬蟲，怎麼會與人溝通？韓愈反對佛、道，又寫文章祭鱷魚，簡直是！」

「韓愈有什麼了不起？封建文人，孔孟之徒，欺人自欺。大概是文章沒人看，又要寫，就連鱷魚也要拉來當讀者了。哼！」

第二番話不必評論。說第一類話的人，首先是不明白一個政治上的道理——在民智未開的時候，要想讓統治長久、根本，當然要教育；不過，要立竿見影地解決刻不容緩的問題，要在極短時間內號召群眾，興利除弊，宗教力量不失為有用的方法。所以，荀子說：「君子以為文，百姓以為神。」領導者以「神」作為一種教化手段，老百姓就覺得奇妙、神祕。

其次，他們是不明白一個修辭上的道理：指桑罵

槐，儆猴殺雞。似對甲說話，實講給乙聽。

*　　*　　*

話說韓愈一生忠君愛國，時刻以社會百姓為念，屢屢發表言論，開罪了不少權貴，害得自己官久不升，甚至一貶再貶，貶到荒遠之處。他又因為倫理道德、社會經濟、華夷之辨、重振中華文化活力等原因，「觝排異端，攘斥佛老」，不遺餘力。偏偏唐朝王室奉老子李耳為宗，很多時候又庇護佛教（除了高祖、武宗時代），君臣上下，往往迷信佞佛可以種來世的福田，求今生的壽祿。（韓愈如果是利祿之徒，不會蠢到不懂加入潮流、投機趨時吧？）常言有道：「做了皇帝想升仙。」做了不少虧心事的憲宗皇帝，更是什麼神靈都拜。元和十四年（819 年），憲宗恭迎佛骨以求福，五十二歲的韓愈，不顧一切，上表諫阻。話說得太率直了，以至於幾乎要被立即處死，幸得大臣相救，憲宗才稍稍息怒，不過還是要把他貶逐遠方。又一次貶逐，這次是到當時被認為是天地盡頭的南方——

「一封朝奏九重天，夕貶潮陽路八千！

欲為聖明除弊事，肯將衰朽惜殘年？

雲橫秦嶺家何在？雪擁藍關馬不前。

知汝遠來應有意，好收吾骨瘴江邊！」

　　這首寫給來送行的侄孫——就是民間信仰中「八仙」之一的韓湘子——的詩，正好是這位長於文學而又忠於信仰的倔強老人（那時算是老了）的內心寫照。為了忠義，他幾乎賠上了性命，現在是賠上了平安的生活，賠上了帶病隨行的幼女（夭折途中）——當然，贏得的是當時和後世的尊敬。

　　此刻，帶着衰疲的身軀、幾乎脫光了的牙齒、昏曚的眼和一顆憂國憂民、倔強不屈的心，以及爐火純青的文學修養，韓愈到了潮州——一個後來文化興盛但在當時還未完全開化的地方，連江湖上的鱷魚也早已橫行不法。

　　牲畜被吃得太多，人被害得太苦了，於是新上任的潮州刺史韓愈，令部下以一羊一豬，投進河（就是後來的韓江）中，自己寫了篇文章，祭告一番——名為

祭告，實際上是大興問罪之師的戰鬥檄文，就像一位堅毅正直的警察局長，上任伊始，約見黑社會頭子在酒樓上攤牌談判，對這些醜類惡物，來一個先禮後兵、未誅先教：

「我告訴你們：上古有道之君，都焚燒山澤，網捉、捕殺那些毒蛇猛獸，以為民除害。後來有些帝王，德行威望不夠，於是長江漢水一帶，都放棄給了蠻夷，更不要説萬里之外的五嶺南海之地了。你們長久以來在這裏盤踞、活動，也是可以理解的。

「現在不同了。當今大唐天子，是神武英明的皇帝，統治着整個世界——當然包括潮州，揚州的南鄰，這個大禹曾經到過的、刺史縣令所管理的、朝廷所直轄的、要交納貢品賦税以供給國家祭祀的地方。所以，簡單地説，現在你們與我們是不能夠同在一個地方了。我身為刺史，奉了皇帝的任命，鎮守這個地方，治理這裏的人民，你們鱷魚不好好躲在溪潭，竟然走上來噬吃牲畜、繁殖後代，儼然是另一個勢力中心，和朝廷命官相抗！

「告訴你們，我身為刺史，雖然才能不夠，又怎肯低首下心、偷生忍辱，對你們畏怯退讓，以致官員和老百姓都覺得羞恥呢？況且，我秉承的是天子命令，勢不能不與你們鱷魚講個清清楚楚。

「你們鱷魚如果真的有靈有性的話，就聽着——

「潮州南邊是個大海，鯨魚之大，蝦蟹之細，都可以容身，都可以生活。路途也不遠，你們早上出發，晚上就到了。現在我和你們約好：三天之內，你們全部族類，都要南遷到大海，不許和天子任命的官吏爭統治權！

「如果三天辦不到，寬限到五天。如果五天也有困難，最多加到七天。七天還不走，那就是有意拖延、不肯離開。那就是你們當我這個刺史不存在，不服從我的命令。再不然，就是你們鱷魚根本愚蠢無知，刺史雖然對你們好好講話，你們也聽不到、聽不懂。——我最後一次警告你們：凡是對天子任命的官吏傲慢不服、不肯聽命離開，以及頑固愚蠢而又為害百姓的，都該殺！我這個刺史要挑選勇敢能幹的人員、百姓，操起強弓硬弩，搭上又毒又利的箭，和你們鱷魚較量，必把你們殺

清才罷手！

「你們想想吧。不要後悔！」

*　　*　　*

就是那個晚上，不知怎的，風雷暴起——是不是有人安排了某些原始的爆炸物呢？是氣候突變？抑或是偶合？總之，有如神助般，到了天明，人們跑去一看，潭水都乾了，鱷魚統統跑光。這位敢於觸怒天朝上的皇帝，更勇於挑戰地方上的鱷魚的大文豪韓愈，就在潮州待了八個月，培育了以後千餘年所謂「海濱鄒魯」的文化風氣；這篇想象豐富而又有現實性、嚴肅而又富諧趣的名作——《祭鱷魚文》，也流傳千古。

　　維年月日，潮州刺史韓愈，使軍事衙推秦濟，以羊一、豬一，投惡谿之潭水，以與鱷魚食，而告之曰：

　　昔先王既有天下，列山澤，罔繩擉刃，以除蟲蛇惡物為民害者，驅而出之四海之外。及後王德薄，不能遠有，則江漢之間，尚皆棄之以與蠻夷楚越，況潮嶺海之間，去京師萬里哉！鱷魚之涵淹卵育於此，亦固其所。今天子嗣唐位，神聖慈武，四海之外，六合之內，皆撫而有之；況禹跡所揜，揚州之近地，刺史縣令之所治，出貢賦以供天地宗廟百神之祀之壤者哉？鱷魚其不可與刺史雜處此土也！

　　刺史受天子命，守此土，治此民，而鱷魚睅然不安谿澤，據處食民畜熊豕鹿獐，以肥其身，以種其子孫；與刺史亢拒，爭為長雄；刺史雖駑弱，亦安肯為鱷魚低首下心，伈伈睍睍，為民吏羞，以偷活於此邪！且承天子命以來為吏，固其勢不得不與鱷魚辨。鱷魚有知，其

聽刺史言：

潮之州，大海在其南，鯨鵬之大，蝦蟹之細，無不容歸，以生以食，鱷魚朝發而夕至也。今與鱷魚約：盡三日，其率醜類南徙於海，以避天子之命吏。三日不能，至五日；五日不能，至七日；七日不能，是終不肯徙也。是不有刺史，聽從其言也；不然，則是鱷魚冥頑不靈，刺史雖有言，不聞不知也。夫傲天子之命吏，不聽其言，不徙以避之，與冥頑不靈而為民物害者，皆可殺。刺史則選材技吏民，操強弓毒矢，以與鱷魚從事，必盡殺乃止。其無悔！

（《韓昌黎文集校注》，573 頁）

37 王安石　辭精語婉絕交情

　　唐宋古文八大家之中，韓、柳、歐、蘇的成就，自然高於其餘四位，不過，論識見之超卓、語言之洗練，王安石實在可以獨樹一幟。

　　有一次，秀才李君從陝西涇地走了五百多里到河南汴京，帶了作品，要跟王安石學習，以求名譽。王安石回信說：

　　「昨天多謝您的信，今天又收到您的三篇詩。足下這麼年輕，已經能夠如此；如果再有良師益友幫助，繼續努力，還有什麼境界達不到呢！

　　「從涇地到這裏五百多里，道路崎嶇，山川險阻，您不辭勞苦，要和我一起研究文章之道，也真是可敬可佩！不過，據來信所說，您目的在於文學的名聲。名聲是古人也願意追求的，不過並非優先的考慮。我想，您不如用現在的才華、精力，追求古人最渴望的東西，那

真正的好名聲自然就歸向您了，又有誰能和您競爭呢？

「孔子說：『君子離開了仁道，又靠什麼成就真正的名譽？』古人正因為不以文藝為優先，所以能夠如此，您現在卻正以文藝為努力的方向，那麼，以我的不才，又怎能滿足您的要求呢？」

原信短短一百五十字左右，讚揚、勉勵、教誨、謙謝，通通有了。

*　　*　　*

王安石推行新法，遭到激烈反對，呂惠卿卻做了他主要的助手。後來罷相，新黨分裂，呂氏一變而對他竭力攻擊。隱居金陵之後，他便寫了一封信給呂惠卿：

「我與先生由同心而至異意，都是因為國家大事，彼此其實沒有私怨。朝上紛紛反對我的時候，獨有先生幫助我，我對先生還有什麼不滿呢？先生受到許多人批評，我並沒有加半句嘴，先生對我大概也沒有什麼好責怪的吧？以逢迎投機的態度處事對人，您知道我是不懂

的，在實事求是這個方針上面，我想，彼此是一致的吧。

「您的信拜讀過了，十分惆悵。我們之間的事情，彼此都清清楚楚。什麼恩恩怨怨，都不必介懷了。不過，先生年富力強，在大時代中正好繼續猛進。至於我，已經疲倦多病，現在不過是靜靜等待最後的日子罷了。彼此既然方向不同，所以，與其像莊子所謂困處陸地的魚，互相用口沫濡濕對方，不如在深闊的江海之中，彼此忘記，各不相干好了。請您保重吧。」

這樣的表態，不是禮貌而又凜然、委婉而又決絕嗎？

　　昨日蒙示書，今日又得三篇詩，足下少年而已能如此，輔之以良師友，而為之不止，何所不至？自涇至此，蓋五百里，而又有山川之阨，足下樂從所聞，而不以為遠，亦有志矣。然書之所願，特出於名，名者古人欲之，而非所以先。足下之才力，求古人之所汲汲者而取之，則名之歸，孰能爭乎？孔子曰：「君子去仁，惡乎成名？」古之成名，在無事於文辭，而足下之於文辭，方力學之而未止也，則某之不肖，何能副足下所求之意邪？

（王安石撰，中華書局上海編輯所編輯：《臨川先生文集》，802 頁，北京：中華書局，1959 年。後《臨川先生文集》引文用此版本。）

　　某啟：與公同心，以至異意，皆緣國事，豈有它哉？同朝紛紛，公獨助我，則我何憾於公？人或言公，我無與焉，則公何尤於我？趣時便事，吾不知其說焉；

考實論情，公宜昭其如此。開喻重悉，覽之悵然。昔之在我者，誠無細故之可疑；則今之在公者，尚何舊惡之足念？然公以壯烈，方進為於聖世；而某茶然衰疢，特待盡於山林。趣舍異路，則相呴以濕，不如相忘之愈也。想趣召在朝夕，惟良食，為時自愛。

（《臨川先生文集》，774 頁）

38　謝枋得　委婉堅強守志節

　　六十三歲了。自己的國家，亡於外族已經十年。對生命不是沒有眷戀，所以不曾立即殉國，不過，從操守氣節，從文化認同，自己都不想為新王朝效力。想不到舊日的一位老師歸順了新政權，要幫其網羅人才，竟然推薦了自己。

　　拒絕。南宋進士、詩人謝枋得這樣決定。

　　對方到底是舊日的老師，信怎麼寫？

　　「殷商亡了，伯夷叔齊雖然不做周朝的官，不過，能夠西山採薇，也知道武王優容之德；嬴秦亡了，商山四皓雖然隱居採芝而食，不做漢朝的官，卻也知道高祖厚待之恩；何況我們這些平凡普通之人，飲水吃飯於大元的土地上呢！

　　「大元王朝不計較我當年拒守之罪許多次了！我蒙受大元的恩惠，也算豐厚！如果學戰國魯仲連的『寧踏

東海而死，不奉強秦為帝』，是不可以的。如今，我是大元的無業遊民。莊子說得好：『呼喚我為牛，便應之為牛；呼喚我為馬，便應之為馬。』對了，世人要稱我為『宋朝的逃亡臣子』，可以；要呼我為『大元的遊情人民』，也可以。要把我看做頑固的宋朝遺民，可以；要把我視為懶散的大元隱者，也可以。——總之，一切所謂榮譽、生死，都順其自然，任天公去安排好了。如果我貪戀爵祿，糊糊塗塗地踏出了邁向官場的新一步，縱使大元仁慈、寬恕，像天地一般包涵、優容、哀憐我這個孤臣孽子，不忍心殺戮，我自己又有什麼面目見大元呢？」

那位推薦他、寫信給他、要他像自己一樣出來替新朝效力的舊日之師留夢炎，會不會把最後一個「元」字看成「宋」字呢？

謝枋得最後說：

「我與這個太平盛世的草木，同樣沾被大元的雨露。活着，被稱為『善士』；死了，墓道上如果能夠寫着

『宋處士謝某』，那就雖死猶生了。我對大元優容之德的誠心感謝，也是蒼天可鑒的。司馬遷說得好：『人固有一死，或重於泰山，或輕於鴻毛。』後人推廣他的講法，說：『慷慨捐軀易，從容就義難。』先生可以了解我的心事了。」

*　　*　　*

那位舊日之師，以至其他人士，對謝枋得可能並非不了解，只是為了向新朝表示效忠，他們還是逼他上路。到了北京，謝枋得絕食而死。

死的是他必朽的軀體，不死的是他這封信，以及他那無愧而無罣的自我。

　　某亦在恩赦放罪一人之數。夷齊雖不仕周，食西山之薇，亦當知武王之恩；四皓雖不仕漢，茹商山之芝，亦當知高帝之恩。況虀藜含糲於皇帝之土地乎？皇帝之赦某屢矣，某受皇帝之恩亦厚矣，若效魯仲連蹈東海而死，則不可。今既為皇帝之游民也。莊子曰：「呼我為馬者，應之以為馬；呼我為牛者，應之以為牛。」世之人有呼我為宋逋播臣者亦可；呼我為大元游惰民者亦可；呼我為宋頑民者亦可，呼我為皇帝逸民者亦可。為輪為彈，與化往來，蟲臂鼠肝，隨天付與。若貪戀官爵，昧於一行，縱皇帝仁恕，天涵地容，哀憐孤臣，不忍加戮，某有何面目見皇帝乎！

　　俾某與太平草木同沾聖朝之雨露，生稱善士，死表於道曰「宋處士謝某之墓」，雖死之日，猶生之年，感恩報德，天實臨之。感恩報恩，天實臨之。司馬子長有

言：「人莫不有一死，死或重於泰山，或輕於鴻毛。」先
民廣其說曰：「慷慨赴死易，從容就義難。」先生亦可以
察某之心矣！

（《四庫全書‧疊山集》第二卷）

39

王陽明　不撓不傲拒無禮

　　明朝大思想家、政治家王守仁——陽明先生——二十六歲的時候，因為反對奸惡的宦官劉瑾，被貶到貴州做龍場驛丞。承風希旨，替當權者打落水狗以表示忠誠的奴才，在這蠻荒落後的地方同樣很多，思州知州（亦稱「太守」）所派來大肆侮辱的差人，就是其中的一批。結果連當地的少數民族人士都看不過眼，雙方就起了衝突。太守大怒，告到專司監察和彈劾官吏的都察院去。副院長毛伯溫就寫信給王陽明，叫他息事寧人，向太守跪拜謝罪，並且對禍福利害的問題，好好考慮一下。

　　王陽明回信，首先感謝他的關懷，跟着說：

　　「差人前來侮辱，是他們恃勢凌人，不是知州指使；龍場的夷人和他們爭鬥，更是出於憤憤不平，並不是我的指使。因此，知州沒有侮辱我，我也沒有怠慢知

州，根本不存在『誰得罪誰』的問題，又怎會有『謝罪』的必要？」

——這是巧妙地把「差人」與「知州」一分為二，替對方開脫責任，也解除了對方問罪的權利。陽明先生跟着說：

「論到跪拜之禮，這是小官常分，不算屈辱。當然，也不應當無故而行這個大禮。不當行而行，與當行而不行，都是招致真正侮辱的失禮之舉。我是一個棄逐小臣，所可以堅持的不過是忠信禮義，如果連這些最後的——也是最高的——原則都不能堅守，那就是莫大的災禍了！」

——你這小官，誇誇其談，不怕橫禍再次飛來嗎？

「禍福利害的問題，我也曾講習。我們相信，君子以忠信為利，以禮義為福。如果忠信禮義不存，即使是

高官厚祿,也還是禍害,否則,即使剖心碎首,也仍然是福利,何況流離竄逐這樣的小事呢!

「我住在龍場這個地方,天天與瘴癘、蠱毒、各種妖魔鬼怪共處,每天都會面臨死亡的威脅。不過,我還是日子過得安安穩穩,心情一點兒也沒有不妥,就因為知道所謂『死生有命』,不因為一時的災難而忘記了終身應該記念在心的修養。如果知州大人或者其他什麼有力量者要加害,而那又是我罪有應得的,我當然會感到遺憾而又無話可說,否則,再大的打擊,也不過是瘴癘蠱毒之類或魑魅魍魎的作怪,又怎能令我憂心呢?

「先生的教訓,雖然有些地方我不敢接受,不過,因此而更能有所勉勵,不敢墮廢,這也是我獲益之處了。我能夠不誠懇感謝嗎?」

——立場鮮明而正大,語氣委婉而不亢不卑,入情入理,可謂得體之至。

　　昨承遣人，喻以禍福利害，且令勉赴大府請謝；此非道誼深情，決不至此。感激之至，言無所容。

　　但差人至龍場陵侮，此自差人挾勢擅威，非大府使之也。龍場諸夷與之爭鬥，此自諸夷憤惋不平，亦非某使之也。然則大府固未嘗辱某，某亦未嘗傲大府，何所得罪而遽請謝乎？

　　跪拜之禮，亦小官常分，不足以為辱，然亦不當無故而行之。不當行而行，與當行而不行，其為取辱一也。廢逐小臣，所守以待死者，忠信禮義而已。又棄此而不守，禍莫大焉。凡禍福利害之說，某亦嘗講之。君子以忠信為利，禮義為福。苟忠信禮義不存，雖祿之萬鍾，爵以侯王之貴，君子猶謂之禍與害；如其忠信禮義之所在，雖剖心碎首，君子利而行之，自以為福也，況於流離竄逐之微乎！

　　某之居此，蓋瘴癘蠱毒之與處，魑魅魍魎之與遊，

日有三死焉。然而居之泰然，未嘗以動其中者，誠知生死之有命，不以一朝之患，而忘其終身之憂也。大府苟欲加害，而在我誠有以取之，則不可謂無憾；使吾無有以取之而橫罹焉，則亦瘴癘而已爾，蠱毒而已爾，魑魅魍魎而已爾，吾豈以是動吾心哉！

執事之喻，雖有所不敢承，然因是而益知所以自勵，不敢苟有所隳墮。則某也受教多矣，敢不頓首以謝！

（王守仁撰，吳光 錢明 董平 姚延福編校：《王陽明全集》，801 頁，上海：上海古籍出版社，1992 年）

40 史可法　針鋒相對拒降清

　　明朝以「明」為名，其實政治相當黑暗。到了末年，外則後金（清）壓境，內則民變蜂起，結果闖王李自成攻陷北京，宦官開門迎接。剛愎自用、多疑善忌的明思宗，到末路窮途，還說「君非亡國之君，臣盡亡國之臣」，他先逼皇后自縊，後手刃妃嬪和女兒，自己跑到北京城外的煤山，懸樹自盡。這是崇禎十七年（1644年）三月十九日的事。

　　京陷帝崩，天下騷然。吳三桂因為老父和愛妾陳圓圓都陷於燕都，「衝冠一怒為紅顏」（吳梅村：《圓圓曲》），竟向滿清請求入關攻擊闖王，於是「開門揖盜」，半壁河山立即為清所有。另一方面，太監魏忠賢餘孽馬士英、阮大鋮等，擁立昏庸的福王，即位南京（史稱「南明」），叫德高望重、忠義奮發但不是他們「自己人」的史可法督師江北，守着揚州前線。清兵最高統帥攝政王多爾袞便叫手下一位能文之士寫了一封

軟硬兼施、鏗鏘跌宕的勸降信給史可法，這時是七月廿七日。

＊　　＊　　＊

「我過去在瀋陽，就知道北京的輿論都十分推崇您。後來入關破賊，認識了一班首都人士，包括在翰林院的令弟。曾經託他向您問候，表達一點兒仰慕的誠意。不知道那封信什麼時候到達您那裏。」

——一開始，說一些對方當之無愧的客套話，並且拉一下交情，讓彼此的距離縮短些。

「近來道路上紛紛傳說在金陵有人自立為帝——」

——用「道路之言」展開整封信的指斥、威嚇、勸誘，並且也給對方預開一條「由否認而歸降」的道路。用「自立」一詞，也是古文筆法的「先立地步」，貶對方為「擅自立國」，換言之，是「偽政權」，不是

「天與人歸」的真命天子。信繼續說：

　　「我們都知道，聖賢遺教說：臣子對君父的仇人，是不能容忍、不可並存的。孔子修《春秋》的義理，說：如果亂臣賊子還沒有伏法，那麼，對剛去世的君主，不能寫『已經安葬』；對新接任的君主，也不能寫『已經即位』。這是提防亂臣賊子盜竊神聖的國家名器，規矩是十分嚴格的。」

　　——這是用中國傳統禮教、經典中崇高的《春秋》大義，否定南明政權的道德和法理基礎，與上文所謂「自立」一樣，都是旨在奪對方之氣。

　　「現在，闖賊李自成武裝叛亂，侵犯到紫禁城，毒害了皇帝，你們中國的群臣、百姓，沒聽說有誰去討伐他的。只有我們現在的平西王、當年國土極東的吳三桂，卻像春秋時代楚國為吳所破，申包胥跑到秦廷哭求救兵一般，請我們出師相助。我們感動於他的忠義，又顧念兩國世代以來的友誼，於是放開不再計較近日小小

的不愉快，編整了勇猛的軍隊，驅除了那批無父無君的
禽獸。」

——滿洲本來是明朝的藩屬，漸漸強大而與漸衰
的明屢屢衝突。現在是自我作大，以平等甚至施惠者的
語氣，向對方施壓。

「我們入京的時候，首先議定的『懷宗』帝、后諡
號，足夠尊崇，足夠懷念，遵照禮制，奉安下葬。親
王、郡王、將軍等上上下下的原有封爵，一切照舊，不
改變，不削除。有功勳的皇親國戚、文武官僚班子，整
個保存，有恩典，有禮敬，一點兒不曾虧待。廣大農村
的生產活動和城市的一切商業行為，通通照常，絲毫沒
有擾亂，過渡得十分平穩。」

——這是鋪陳新統治者的恩惠功德，一方面繼續
壯大自己的氣勢，一方面為招降誘叛張本。

「我們正打算遲些趁着秋高氣爽，就派遣將領向西

追擊李闖，江南、河北兩路聯合進軍，同心協力，消滅敵人，替你們報君國的大仇，也彰顯我們朝廷的豐功大德——唉，想不到你們南方諸位先生，只圖短時期的苟且偷安，泡沫富貴，全不知道時勢的遷移、機會的變化，貪圖虛名，而忘卻了實際的禍害，我真覺得奇怪啊！」

　　——看他承上啟下，何等靈活，似乎準備理直氣壯地聲討對方了：

　　「我們朝廷這次平定北京，政權是從闖賊手裏拿來的，不是由你們明朝這邊取得的。賊匪們燒毀了象徵你們奉天承運與宗族相繼的宗廟神主，侮辱了你們的祖先，你們明朝當然算是完了。我們國家不辭征戰之苦，不怕麻煩，調動了自己所有的力量，代你們報仇雪恥。如果你們是孝子、是仁人，應當怎樣感激恩典、思圖報答！現在你們竟然趁逆賊仍然未伏誅，我朝的王師暫告休息的空當，妄想割據江南，坐享漁人之利！你們想想吧，於情於理，又怎能算公平？

「要知道，闖賊李自成只是為禍你們明朝罷了，並沒有得罪我國啊！只因為普天下都共同以亂臣賊子為仇敵，所以特別為此而挺身出擊、申明大義罷了。現在如果你們還要打着已經失效的國號，使用你們再不配享有的尊稱，便等於天上有兩個太陽，儼然和我們對抗了！那樣的話，我就要揀選本來要西行的軍隊，轉而東征，並且還可能赦免他們那批流寇的死罪，叫他們做開路先鋒，向你們進擊。誰都知道，過去以中華全國力量，尚且被那積水成淵般的寇盜弄得狼狽困敗，現在你們只有江南殘山剩水的一角，卻妄想同時抵抗他們以及另外一個強大得多的國家，是勝是敗，不必再占卜了吧？」

——這是全信最凌厲、最雄猛的一段，理不一定直，氣卻十分壯。試把原文朗讀一下，散中有駢，平仄配對，流暢鏗鏘，真是「得勢不饒人」之至！

跟着就是和風細雨，意在好好安撫、勸誘一番：

「我聽說：君子愛護一個人，就想他走上正路；微末平凡的人愛護一個人，就只知給予眼前的小恩小惠，

像老祖母溺愛孫兒一般。各位先生如果能夠了解時勢所趨，認識天命所歸，實實在在懷念故主，厚愛你們的好君王，就應該勸諫他放棄不配享有的稱號，歸順做我朝的藩王，永永遠遠保有富貴。我們朝廷自然會以堯舜禪讓、優禮先朝後人的規矩，讓他繼承宗族祭祀的一切禮儀物事，長久保有賜封，地位在其他王侯之上。這樣才不負我們朝廷伸張正義、討伐賊人，如古人所謂『興滅國，繼絕世』的初衷。至於南方各位賢達，像鳳凰翩然起舞，朝賀天子一般，來歸我朝，自然會大受歡迎，獲得各種爵位與封地。平西王吳三桂就是一個很好的例子。各位辦事先生，請你們切實地好好考慮一下吧。」

——威逼利誘都說得差不多了，現在來一個總結：

「晚進的士大夫有個毛病，就是喜歡好名堂、大面子，而不顧國家的實際安危。每每碰到大事，就連不夠分量、不是內行的人，都七嘴八舌，結果意見愈多，愈錯過時機，誤了大事。從前北宋君臣還在那裏花時間爭吵議論，達不成共識，而金兵已經渡過黃河，北宋就此

完蛋，就是歷史的一面鏡子！可法先生，您不像他們，您是各界名流賢達的領袖、國家大計的主持人，一定能夠深入考慮整件事的得失因果。您難道會忍受、會聽從那些三腳貓的庸俗意見的擺佈嗎？選擇什麼、捨棄什麼，採行什麼、否定什麼，要快一點作出決定了。我們大軍出發在即，可以西征流寇，也可以東下江南。南國是安是危，就看我們怎樣決定了。當然，也看你們怎樣決定。總之，希望各位先生都以討伐逆賊為宗旨，不要貪圖個人短暫的富貴榮華，而加重故國無窮的禍害，為亂臣賊子所恥笑啊！

「古書上面說：『只有聰明的好人，能接受坦率的忠告。』我大膽向先生表白誠懇的心意，熱切等待您的指教。」

——最後的話，似乎溫婉又親切，而勸降——甚至迫降——的「邏輯」，卻十分清楚：

第一，明朝已經給李自成滅了，不再存在了；

第二，清兵是明朝乞請入關，破賊收京，從李自成手上取得政權的，所以，清對明有大恩大德，對土

地、人民，有權統治；

第三，因此，南明是非法的。歸順，就有好處；抗拒，必定是災禍。

處身風雨飄搖、大廈將傾的惡劣形勢，面對這樣一封威逼利誘、理曲氣盛、振振有詞而又咄咄逼人的信，怎麼辦？

還是要不亢不卑。

當然不能亢，敵甚強而我極弱。而且，敵人不止一個。而且，彼此還算是友軍。

但是，更不能卑。因為國家民族的大義，士大夫的操守氣節。

因此，史可法唯有盡力客氣、禮讓，而又「知其不可而為之」地堅守立場底線，針鋒相對而又委婉得體地回覆：

第一，明朝君死君繼，法統清晰，事實上和道理上，都沒有滅亡；

第二，清國曾受明朝冊封，有入關勤王的道義，無鵲巢鳩佔的道理；

第三，李自成是雙方共同的敵人，雙方應該繼續

結盟，保持友好。

　　九月十五日的回信，執筆的自然是幕下文士，意思和語氣當然主要是史可法的。信這樣說：

　　「在江南時，已經收到殿下的信，十分感謝！可法隨即派人問候吳大將軍。我們未敢突然就與貴處通信，並非敢於把隆重的情誼委諸草莽，不加珍惜，而是因為根據《春秋》大義，兩國大夫之間不宜有私交。這點，要請殿下體諒。現在在戎馬倥傯、軍務繁忙之際，忽然奉接到美玉般的來信，真像從天而降一般！」

　　—— 一開始，是客氣對客氣；不過，稱吳三桂不用清所封的什麼「平西王」而仍然用明朝所封的「大將軍」，又以「大夫無私交」的《春秋》之義，暗示不為對方私人交誼所動，都已經隱隱表現了立場。信跟着說：

　　「再三細讀來信，殿下的好意我們是十分明白的。如果因為逆賊還沒有受到天朝的討伐，而麻煩貴國代為

憂慮，可法是又感激、又慚愧！只是恐怕殿下左右的人不明白，以為江南的臣民苟且偷安，忘記了君父的仇怨，所以恭敬地寫這封信，為貴國詳細說明一下。

「先帝敬事天地，效法祖先，勤於政事，愛護百姓，是堯舜一流的君主；只因為庸臣誤國，以致有三月十九日不幸的事情。可法當時身在南方等待朝廷命令，來不及北上援救；到奉命督師江北，統兵淮河邊上的時候，不幸的消息就來到了。真像地裂天崩，山嶽都草木枯頹，江海都波濤哭泣。誰人沒有國君？可法悲痛自責：即使把我當廷處死，警誡有虧職守的人，也不足以向先帝謝罪啊！

「哀痛的當然不止可法一人，當時江南臣民都十分悲憤，沒有一個不捶胸頓足、咬牙切齒，要動員東南所有軍隊，立即殲滅那些仇敵。不過有幾位老成持重的臣子說，國破君亡之際，最重要的還是宗廟社稷的維持與繼承。大臣們於是一同迎立當今主上，以維繫中外的人心。今上不是別人，乃是神宗皇帝的孫子、光宗皇帝的侄兒、先帝的哥哥，可以說是名正言順，有上天的蔭庇，有人民的擁戴。五月初一，主上駕臨南京，老百姓

夾道歡呼，好幾里外都能聽見。當時群臣勸進，皇上異常悲痛，再三推辭，只答應做監國，等後來大臣、人民跪伏在宮闕下面，屢屢請求，才在十五日正式登位。在此之前，已經有種種祥瑞，祭告宗廟那天，也有很多異象。大江之中，湧出了大木材幾十萬根，正好用以修葺宮殿，這不是天意所歸的表示嗎？」

──這一段話之中，有關崇禎與福王的描述，以及許多當日公認為理當如此的門面話，現在看來，不免有些假、大、空之譏，不過，為了朝廷的尊嚴和合法性，在那時是不能不說的。信中強調福王天眷、人情、法統各方面的基礎，也就等於反駁了對方所謂「自立」的指摘。

「主上即位幾天後，就任命可法到江北整頓軍隊，準備定期西征。這時忽然傳聞我們吳大將軍借兵貴國，打敗了逆賊，又為我們先帝辦好喪禮、掃清宮殿、安撫百姓，並且收回要人民隨從貴國習俗剃清額上頭髮的命令，表示不忘本朝。這種種義舉，凡是大明臣子，沒有

不向北長跪拜謝的，豈止如尊函所謂『感恩圖報』而已！我們在八月間準備了一點兒薄禮，派人慰勞貴軍，並且想向殿下請示日子，以便聯合進兵向西繼續討伐逆賊，所以我軍便北上到江淮邊了。」

——以上表示明人並非不感謝滿洲出兵，更有奮力討賊的決心。

「就在這個時候，收到殿下的指教，引述《春秋》大義來質疑、責問。來信的引申、推論，看來很好，不過這是為列國君主去世、世子應立、弒君之賊未曾討伐，於是不忍視故君為已死的人，建立理論根據罷了。如果殉國的是天下共主，太子又不知所終，這時還拘牽於『不即位』的字面意義，呆坐着看不到『大一統』的道理，在中國兵荒馬亂之際，倉促出兵，試問：靠什麼維繫人心？靠什麼號召忠義？

「夫子朱熹的《通鑑綱目》是繼承《春秋》大義的，其中記載：王莽篡漢而光武中興，曹丕廢獻帝為山陽公而劉備即位於蜀，西晉懷、愍二帝被擄而元帝即位為

東晉，北宋徽、欽二帝被擄而高宗即位為南宋，諸如此類，都是在國仇未報之時的第一時間即國君之位，稱為皇帝。《綱目》都承認是正統，沒有說他們是『自立』。甚至像唐代安史之亂，玄宗奔蜀，太子即位於靈武，招致了後世不少批評，但也承認他可以權宜行事，就是慶幸他能光復故土啊！」

　　——任何時代，心理戰都是很重要的。名不正，言不順，軍隊不知為何而戰，鬥志就會大受影響。以上一大段，是以《春秋》「大一統」的最高義理和歷史上屢屢發生的「從權嗣位」事跡，作為論據，正面而詳盡地反駁對方指摘福王「自立」的話。這在以王室血統繼承為天經地義、沒有所謂投票選舉的時代，對於「正視聽，繫人心」，是極其重要的。信繼續說：

　　「我們明朝傳了十六代，都是正統繼承。外邊的民族，只要有『衣冠』這最基本的文明表現，本朝就加以治理教化，即如聖人遺教的『興滅國，繼絕世』，仁義恩德，廣泛籠罩到遠方。貴國在我朝先代，就好幾次接

受封號，這在政府條約保管部門都有明白的記載！難道沒人聽說過嗎？現在貴國痛心本朝的災難，出兵相助，可以說，《春秋》大義又得到彰揚！

「從前，契丹與宋朝訂立和約，只是每年接受金錢與絲綢的禮品；回紇幫助唐朝平定安史之亂，也沒有貪圖領土利益。何況貴國這次懷念過去友好的邦交，以正義的原則出動軍隊，千秋萬世，人們都會瞻仰這個義舉。如果趁我們遭受患難，竟然放棄友好、加深仇恨，謀取這片疆土，做好事而不到底，這是以公義開始以私利終結！一定會被那些亂臣賊子嘲笑。貴國難道是這樣嗎？當然不是！」

——這是反擊性最強的一段，指出滿洲受明封的歷史事實，所以，這次出兵相助，固然應該感謝，但在道義上也是應有之舉。至於號稱「義師」而要「撫定燕京」，侵佔土地，以明人為清民，這更是明顯的矛盾。包藏禍心，滿洲的國格和聲譽一定大受影響——當然，這個論點是無可奈何的，但也是大義凜然的。

信寫到這裏，已經差不多了。最後總結道：

「以往，先帝憐念盜賊本來也是子民，不忍心趕盡殺絕，所以『剿滅』和『招安』交替運用，怎知就誤了時機，弄到今天的後果。當今聖上天賦英明，時時刻刻都想着報仇雪恥。我們朝廷之上，各級官員都體念國家艱危而和衷共濟，各處的軍事人員，也都化悲憤為力量，準備投入收復失地的戰爭，忠心義氣的民間部隊，也都甘願為國犧牲。看來，上天消滅逆賊，不會晚於現在了！

「古語說：『做好事要做得多，除邪惡要除得盡。』現在，逆賊還沒有得到上天誅滅，根據情報他們正在陝西地區補充、編整，準備回兵報復。這不單是我朝不共戴天的仇恨，也是貴國除惡未盡的隱憂！所以，我們懇請貴國，加強彼此的戰鬥友誼，完成有始有終的恩德，讓我們聯合進攻、掃蕩陝西的巢穴，共同砍下逆賊的頭顱，以泄普天下人民的憤怒。這樣，貴國的正義威名，一定會照耀千秋；我們對貴國的報答，也一定會盡自己能力的極限。從此，兩國世世代代和平友好，那不是很美妙嗎？至於訂立同盟這件事，我們的使者已經上路，不久就會到達北京，依禮進見了。」

——盡力懇求對方友善地協助、合作之後，是嚴正地表示自己一心盡忠報國，不想其他：

「可法北望先帝的陵墓，淚早哭乾了。救國無方，護主不力，這是應當萬死的罪。之所以還沒有立即追隨先帝，實在只因為國家社稷仍然要人扶持。《左傳》說：『手足的力量用盡了，還有堅定不移的忠心。』可法處在今日，只有埋頭奮鬥，準備奉上生命，以求盡到臣子的責任、氣節，就是報答國恩了。希望殿下明白、了解。」

——對方的威脅，史可法並不示弱，並且表示士氣民心之可用；對方的利誘，史可法表示立志盡忠，一切不顧。

清軍本來也一切不顧。在致書史可法之前，已經遷都北京，並且不久就改元順治，作永佔中國之計。史可法覆信的話，都變成白講。次年四月，南明內訌，清軍攻破揚州，屠城十日。史可法被俘不屈，於是壯烈殉國。求仁得仁，遺下這封信所表現的忠心正氣和藝術技巧，垂範千古。

清攝政王致書於史老先生文几：

予向在瀋陽，即知燕京物望咸推司馬。及入關破賊，與都人士相接，識介弟於清班，曾託其手勒平安，權致哀緒，未審何時得達。比聞道路紛紛，多謂金陵有自立者。夫君父之仇，不共戴天。《春秋》之義，有賊不討，則故君不得書葬，新君不得書即位，所以防亂臣賊子，法至嚴也。闖賊李自成，稱兵犯闕，手毒君親：中國臣民，不聞加遺一矢。平西王吳三桂介在東陲，獨效包胥之哭。朝廷感其忠義，念累世之宿好，棄近日之小嫌，爰整貔貅，驅除狗鼠。入京之日，首崇懷宗帝、后謚號，卜葬山陵，悉如典禮。親、郡王、將軍以下，一仍故封，不加改削；勳戚文武諸臣，咸在朝列，恩禮有加。耕市不驚，秋毫無犯。方擬秋高氣爽，遣將西征，傳檄江南，聯兵河朔，陳師鞠旅，戮力同心，報乃君國之仇，彰我朝廷之德。豈意南州諸君子，苟安旦夕，弗

審事機，聊慕虛名，頓忘實害，予甚惑之！國家之撫定燕都，乃得之於闖賊，非取之於明朝也。賊毀明朝之廟主，辱及先人。我國家不憚征繕之勞，悉索敝賦，代為雪恥。孝子仁人，當如何感恩圖報？茲乃乘逆寇稽誅，王師暫息，遂欲雄據江南，坐享漁人之利。揆諸情理，豈可謂平？將以為天塹不能飛渡，投鞭不足斷流耶？夫闖賊但為明朝崇耳，未嘗得罪於我國家也。徒以薄海同仇，特伸大義。今若擁號稱尊，便是天有二日，儼為勁敵。予將簡西行之銳，轉旆東征；且擬釋彼重誅，命為前導。夫以中華全力受制潢池，而欲以江左一隅兼支大國，勝負之數，無待蓍龜矣。予聞君子愛人以德，細人則以姑息。諸君子果識時知命，篤念故主，厚愛賢王，宜勸令削號歸藩，永綏福祿。朝廷當待以虞賓，統承禮物，帶礪山河，位在諸王侯上，庶不負朝廷伸義討賊、興滅繼絕之初心。至南州諸彥，翻然來儀，則爾公爾侯，列爵分土，有平西之典例在。惟執事實圖利之。挽近士大夫好高樹名義，而不顧國家之急，每有大事，輒

同築舍。昔宋人議論未定，兵已渡河，可為殷鑒。先生領袖名流，主持至計，必能深維終始，寧忍隨俗浮沉？取捨從違，應早審定。兵行在即，可西可東。南國安危，在此一舉。願諸君子同以討賊為心，毋貪一身瞬息之榮，而重故國無窮之禍，為亂臣賊子所竊笑，予實有厚望焉。記有之：為善人能受盡言。敬布腹心，佇聞明教。江天在望，延跂為勞。書不盡意。

大明國督師、兵部尚書兼東閣大學士史可法頓首謹啟大清國攝政王殿下：

南中向接好音，法隨遣使問訊吳大將軍，未敢遽通左右，非委隆誼於草莽也，誠以大夫無私交，《春秋》之義。今倥傯之際，忽捧琬琰之章，真不啻從天而降也。諷讀再三，殷殷致意。若以逆成尚稽天討，為貴國憂，法且感且愧。懼左右不察，謂南中臣民偷安江左，頓亡君父之仇，故為殿下一詳陳之。我大行皇帝敬天法祖，

勤政愛民，真堯舜之主也。以庸臣誤國，致有三月十九日之事。法待罪南樞，救援無及，師次淮上，凶聞遂來，地坼天崩，川枯海竭。嗟乎，人孰無君，雖肆法於市朝，以為泄泄者之戒，亦奚足謝先帝於地下哉！爾時南中臣民哀痛，如喪考妣，無不撫膺切齒，欲悉東南之甲，立剪凶仇。而二三老臣，謂國破君亡，宗社為重，相與迎立今上，以繫中外之心。今上非他，即神宗之孫、光宗猶子，而大行皇帝之兄也。名正言順，天與人歸。五月朔日，駕臨南都，萬姓夾道歡呼，聲聞數里。群臣勸進，今上悲不自勝，讓再讓三，僅允監國。迨臣民伏闕屢請，始於十五日正位南都。從前鳳集河清，瑞應非一。即告廟之日，紫雲如蓋，祝文升霄，萬目共瞻，欣傳盛事。大江湧出枏梓數萬，助修宮殿，是豈非天意哉！越數日，即令法視師江北，刻日西征。忽傳我大將軍吳三桂假兵貴國，破走逆成。殿下入都，為我先帝、后發喪成禮，掃清宮闕，撫戢群黎，且免剃髮之令，示不忘本朝。此等舉動，振古爍今，凡為大明臣

子，無不長跽北向，頂禮加額，豈但如明諭所云感恩圖報已乎！謹於八月，薄治筐篚，遣使犒師，兼欲請命鴻裁，連兵西討。是以王師既發，復次江淮。乃辱明誨，引《春秋》大義來相詰責。善哉言乎，然此文為列國君薨，世子應立，有賊未討，不忍死其君者立說耳。若夫天下共主，身殉社稷，青宮皇子，慘變非常，而猶拘牽不即位之文，坐昧大一統之義，中原鼎沸，倉卒出師，將何以維繫人心，號召忠義，紫陽《綱目》踵事《春秋》，其間特書如莽移漢鼎，光武中興；丕廢山陽，昭烈踐祚；懷、愍亡國，晉元嗣基；徽、欽蒙塵，宋高纘統，是皆於國仇未剪之日，亟正位號，《綱目》未嘗斥為自立，卒以正統予之。至如玄宗幸蜀，太子即位靈武，議者疵之，亦未嘗不許以行權，幸其光復舊物也。本朝傳世十六，正統相承，自治冠帶之族，繼絕存亡，仁恩逮被。貴國昔在先朝，夙膺封號，載在盟府。後以小人構釁，致啟兵端，先帝深痛疾之，旋加誅僇，此殿下所知也。今痛心本朝之難，驅除亂逆，可謂大義復著

於《春秋》矣。若乘我國運中微,一旦視同割據,轉欲移師東下,而以前導命元兇,義利兼收,恩仇倏忽,獎亂賊而長寇仇,此不惟孤本朝借力復仇之心,亦甚違殿下仗義扶危之初志矣。昔契丹和宋,止歲輸以金繒;回紇助唐,原不利其土地。況貴國篤念世好,兵以義動,萬代瞻仰,在此一舉。若乃乘我蒙難,棄好崇仇,規此幅員,為德不卒,是以義始而以利終,貽賊人竊笑也,貴國豈其然歟?往者先帝軫念潢池,不忍盡戮,剿撫並用,貽誤至今。今上天縱英明,刻刻以復仇為念。廟堂之上,和衷體國;介冑之士,飲泣枕戈;人懷忠義,願為國死。竊以為天亡逆闖,當不越於斯時矣。語云:「樹德務滋,除惡務盡。」今逆成未伏天誅,謀知捲土西秦,方圖報復。此不獨本朝不共戴天之恨,抑亦貴國除惡未盡之憂。伏乞堅同仇之誼,全始終之德,合師進討,問罪秦中,共梟逆成之頭,以泄敷天之憤。則貴國義聞,照耀千秋,本朝圖報,惟力是視。從此兩國世通盟好,傳之無窮,不亦休乎!至於牛耳之盟,則本朝使臣久已

在道，不日抵燕，奉盤盂以從事矣。法北望陵廟，無涕可揮，身陷大戮，罪當萬死。所以不即從先帝於地下者，實為社稷之故。傳曰：「竭股肱之力，繼之以忠貞。」法處今日，鞠躬致命，克盡臣節而已。即日獎帥三軍，長驅渡河，以窮狐鼠之窟，光復神州，以報今上及大行皇帝之恩。貴國即有他命，弗敢與聞。惟殿下實明鑒之。

（轉引自顧誠《南明史》，76 頁，北京：光明日報出版社，2011 年）

責任編輯　黃　帆
裝幀設計　吳丹娜
責任校對　盧爭艷
排　　版　陳先英
印　　務　林佳年

中國人的溝通藝術 —— 錦心繡口筆生花

陳耀南　著

出版　中華書局（香港）有限公司
　　　　香港北角英皇道 499 號北角工業大廈 1 樓 B
　　　　電話：（852）2137 2338
　　　　傳真：（852）2713 8202
　　　　電子郵件：info@chunghwabook.com.hk
　　　　網址：http://www.chunghwabook.com.hk

發行　香港聯合書刊物流有限公司
　　　　香港新界大埔汀麗路 36 號
　　　　中華商務印刷大廈 3 字樓
　　　　電話：（852）2150 2100
　　　　傳真：（852）2407 3062
　　　　電子郵件：info@suplogistics.com.hk

印刷　美雅印刷製本有限公司
　　　　香港觀塘榮業街 6 號海濱工業大廈 4 樓 A 室

版次　2019 年 7 月初版
　　　　©2019 中華書局（香港）有限公司

規格　32 開（185mm×130mm）

ISBN　978-988-8573-72-1